믿음으로 사는 즐거움

믿음으로 사는 즐거움

존 파이퍼 지음 | 차성구 옮김

좋은씨앗

BATTLING UNBELIEF

Originally Published in English under the title
Battling Unbelief by John Piper
Copyright © 2007 by Desiring God Foundation
Published by Multnomah Books, a division of Random House, Inc.
12265 Oracle Boulevard, Suite 200
Colorado Springs, Colorado 80921, USA

All non-English language rights are contracted through
Gospel Literature International P.O. Box 4060,
Ontario California 91761-1003, USA

This translation published by arrangement with
Multnomah Books, a division of Random House, Inc.

Korean Copyright © 2008 by GoodSeed Publishing Company
402, Baumae-ro 156, Seocho-gu, Seoul, Korea

본 저작물의 한국어 판권은 Gospel Literature International을 통하여 Multnomah와 독점 계약한 좋은씨앗에 있습니다. 저작권법에 의하여 한국 내에서 보호를 받는 저작물이므로 무단 전재와 무단 복제를 금합니다.

믿음으로 사는 즐거움

초판 1쇄	2008년 6월 30일
개정판 1쇄	2019년 8월 19일
개정판 2쇄	2020년 10월 14일

지은이 존 파이퍼
옮긴이 차성구
펴낸이 신은철
펴낸곳 좋은씨앗
출판등록 제4-385호(1999. 12. 21)
주소 서울시 서초구 바우뫼로 156, 402호
주문전화 (02)2057-3041 주문팩스 (02)2057-3042
전자우편 good-seed21@daum.net
페이스북 facebook.com/goodseedbook

ISBN 978-89-5874-322-4 03230

ⓒ 좋은씨앗 2008

나의 어머니
루스 유라리아 파이퍼(1918-1974)에게

그녀의 경건한 자손들을 통해
언제나 우리에게 기억되기를 소망하면서

| 일러두기 |

1. 이 책은 개역개정 4판 성경 본문을 사용하고 있습니다. 인용된 본문이 다른 번역일 경우 따로 출처를 밝혀 두었습니다.
2. 책의 본문에 덧붙여 설명이 첨가된 경우는 [ ]를, 본문을 설명하는 경우는 ( )를 사용했습니다. 단, 성경 본문을 인용한 경우에는 원래의 ( )괄호를 살리기 위해 본문을 설명하는 데 [ ]를 썼습니다.

차례

008   책을 열며

026   1장. 염려에 맞서 싸우기

052   2장. 교만에 맞서 싸우기

084   3장. 그릇된 수치심에 맞서 싸우기

106   4장. 조급함에 맞서 싸우기

132   5장. 탐심에 맞서 싸우기

156   6장. 비통함에 맞서 싸우기

182   7장. 낙심에 맞서 싸우기

206   8장. 정욕에 맞서 싸우기

230   책을 닫으며

241   미주

책을 열며

『투 엔드 올 워즈』To End All Wars에서 어네스트 고든Ernest Gordon은 2차 세계대전 동안 미얀마 철로에서 복역해야 했던 전쟁 포로에 관한 실제 이야기를 들려준다. 특히나 다음 장면은 동일한 제목의 영화로도 제작됐기 때문에 더욱 잊을 수 없다.

> 오늘 할 일이 모두 끝났다. 사람들은 평소처럼, 사용했던 연장을 세고 있었다. 그들이 해산할 준비를 하고 있을 때 한 일본인 병사가 삽이 없어졌다고 소리쳤다. 그는 누군가가 태국에 팔아먹기 위해 훔친 거라고 우겼다. 포로들 곁으로 성큼성큼 다가

와 앞에 서서는, 우리가 천황의 은혜에 감사할 줄 모르는 악하고 용서받을 수 없는 자들이라고 소리치며 마구 욕을 해댔다. 그렇게 화를 내면서 그는 거의 폭발할 지경에 이르렀다. 더듬거리는 영어로 소리지르면서 범인은 한 발 앞으로 나와 죄를 달게 받으라고 했다. 아무도 움직이지 않았다. 그 병사의 분노가 극에 달했다.

"모두 죽었어! 다 죽일 거야!" 그는 쇳소리를 냈다.

자기가 한 말이 빈소리가 아니라는 것을 보여주려고 그는 라이플 총을 장전하여 어깨 위에 올려놓고 겨냥했다. 그들 중 맨 끝에 있는 첫 번째 사람을 쏠 태세였다.

바로 그때, 아가일이 한 걸음 앞으로 나섰다. 차렷 자세로 꼿꼿이 서서 차분하게 말했다. "내가 그랬소."

그 일본군 병사는 이글거리는 증오를 모두 쏟아부었다. 아무 방어도 할 수 없는 포로를 발로 걷어차고 사정없이 주먹을 휘둘렀다. 하지만 아가일은 여전히 차렷 자세를 풀지 않았으며, 그의 얼굴을 타고 피가 줄줄 흘러내리고 있었다. 이런 아가일의 의연함이 병사의 분노를 극에 달하게 했다. 라이플의 총열을 잡고 자기 머리 위로 들어올려 울부짖는 소리와 함께 아가일의 머리를 내리쳤다. 그는 힘없이 땅바닥에 쓰러져 움직이지 않았다. 그가 죽은 게 분명해 보였지만 일본군 병사는 그를 계속하여 때렸으며 자기가 지친 후에야 겨우 멈췄다.

함께 일하던 포로들은 동료의 시신을 수습하고, 연장들을 어깨에 메어 병영 안으로 돌아갔다. 그런데 위병소에서 연장들을 다시 세어보았을 때 도난당한 삽은 없었다.[1]

일본인 병사가 셈을 잘못 한 것이었다. 앞으로 나섰던 그 젊은 포로는 삽을 훔치지 않았다. 그는 전우들을 위해 기꺼이 자기의 생명을 내놓은 것이다.

그저 열심히 의무를 행하라고?

이 젊은이의 희생에 대해서 우리는 여러 차원에서 기릴 수 있을 것이다. 어떤 이는 이렇게 말할 것이다. "그는 오늘날과 같이 자기 중심적이고 비겁한 시대에 우리에게 더없이 필요한 것을 보여주었습니다. 바로 헌신적으로 의무를 행하는 삶 말입니다." 또 다른 이는 (이것이 내가 말하고 싶은 방식이긴 한데) "우리 안에 장래의 은혜에 대한 믿음이 있을 때 나오는 사랑이라고 생각합니다. 우리는 이러한 자기 중심적이고 비겁한 시대에 그런 사랑으로 살아야 합니다"라고 얘기할지도 모른다.

첫 번째는 "헌신적으로 의무를 행하는 삶"에 대해 말했고, 두 번째는 "하나님의 약속을 믿는 믿음으로 인한 변화의 능력"에 대해 얘기한다. 언뜻 보아선 숭고한 희생에 대한 이런 두 종류의 설명 방식이 서로 충돌하는 것 같지는 않다. 하지만 결국은 그렇게 될 것이다. 그러므로 이 둘 사이를 비교하면서 우리는 "그것이 어떤 종류의 의무인가?"를 질문해야 한다. 이것은 참으로 중요한 문제다.

외적인 행동은 결정적이지 못하다. 우리는 그 마음 안에서 하나님과 사람을 향해 어떤 일이 일어나고 있는가를 따져보아야 한다. 성경은 사람들이 자신의 목숨을 내어주면서도 사람이나 하나님을 사랑하지 않을 수 있다고 우리에게 경고하기 때문이다. "내가 내게 있는 모든 것으로 구제하고 또 내 몸을 불사르게 내줄지라도 사랑이 없으면 내게 아무 유익이 없느니라"(고전 13:3). 사도 바울은 "우리가 헌신적으로 의무를 행하면서도" 하나님은 영광을 받지 않으실 수도 있다는 의미로 이런 말을 했다. 이런 경우는 정말 아무 유익이 없다.

이런 말은 예수께서 친히 "사람이 친구를 위하여 자기 목숨을 버리면 이보다 더 큰 사랑이 없나니"(요 15:13)라고 말씀하셨음을 염두에 둘 때 조금은 이상하게 들린다. 그렇다. 큰 사랑은 그런 일을 가능케 한다. 자기 목숨까지 버릴 수 있다. 하지만 그 행동이 진정 사랑에서 나온 것인지의 여부는 외적인 행동이 아니라 우리 마음이 어떠한가에 달려 있다.

장래의 은혜로 인한 믿음의 열매

젊은 병사의 희생을 설명하는 또 다른 방법은 그의 마음에 장래의 은혜에 대한 믿음이 가득 차올라 그에게 친구들을 위해 목숨을 버릴 수 있도록 용기와 사랑을 주었다고 말하는 것이다. 그의 머리에는 이런 생각이 스쳤을 것이다. "예수님, 주님이 저를 위해 죽으셨습니다. 저의 죄를 용서하셨습니다. 저에게는 영원한 생명이 있습니다. 주님, 사랑합니다. 당신은 저의 가장 큰 보물입니다. 주님과 함께 있고 싶습니다. 제 친구들은 아직 죽음에 준비되어 있지 못합니다. 하지만 저는 제게 사는 분이 그리스도요 죽음도 유익하다는 것을 압니다. 제가 나서겠습니다." 아마도 그는 그리스도께서 자신을 위해 어떤 일을 하셨으며 죽음 이후에 그에게 어떠한 장래가 펼쳐져 있는지를 떠올렸을 것이다. 그리고 난 후 그는 하나님의 약속을 믿는 믿음으로 앞으로 나서 죽음을 맞이했다. 이것이 장래의 은혜로 인한 믿음의 열매이다.

순전한 의무감으로 인한 희생과 하나님께서 베푸실 장래의 은혜에 대한 믿음에서 나오는 희생 사이에는 큰 차이점이 있다. 전자는 나의 강한 결심을 강조하는 반면 후자는 하나님 은혜의 영광에 강조점이 있다. 이 책의 목적은 성도들을 장래의 은혜로 살아가게 하여, 그리스도의 영광을 가리는 죄로 연결되는 하나님의 약속에 대한 불신과 맞서 싸울 수 있도록 그리스도인들을 돕는 데 있다.

불신에 맞서 싸우기 위해

이 책에 수록된 여덟 장의 글들은 『장래의 은혜』[2 Future Grace]에서 가져온 것이다. 이 본문은 그 앞에서 묵상했던 진리를 실천할 수 있도록 한 부분이며, 장래의 은혜로 살아가는 믿음이 어떻게 하여 죄의 뿌리를 잘라내고 사랑의 강물을 흐르게 하는지를 실제적으로 보여주고 있다. 우리는 염려, 교만, 그릇된 수치심, 조급함, 탐심, 비통함, 낙심, 정욕으로부터 어떻게 자유로워지는가에 관한 실제적인 도전거리를 주로 다룰 것이다. 나는 하나님의 약속(즉 장래의 은혜)에 대한 불신이 바로 이러한 죄들의 생명을 연장시키는 뿌리라고 확신한다. 따라서 나는 제목을 『불신에 맞서 싸우다』 Battling Unbelief, 이 책의 원제라고 정했다.

이 책의 주장을 뒷받침하는 기초와 의미를 상세하게 설명해주고 신학적 근거를 든든히 둘러싸고 있는 『장래의 은혜』의 스물세 장 없이 그 적용 부분인 여덟 장만을 따로 떼내는 것에는 참으로 위험이 따른다. 하지만 나는 이런 위험을 감수하기로 했다. 많은 사람들이 『장래의 은혜』에서도 적용 부분을 먼저 읽고 그 다음에 그 신학적 근거를 들춰보았기 때문이다(그 반대의 경우는 드물었다). 그래서 내가 바라기는 이 작은 책에서 우리를 죄로부터 자유케 하는 믿음의 길을 발견한 후에, 자신의 성경적인 이해를 좀 더 깊게 하려는 노력들이 뒤따랐으면 한다.

장래의 은혜로 살아가기 위한 선한 싸움

"불신에 맞서 싸운다"는 말은 "장래의 은혜에 관한 믿음으로 살아간다"는 말을 다르게 표현한 것이다. 내가 생각하는 '불신'이란 우리의 철저한 순종을 뒷받침하는 하나님의 약속을 신뢰하는 일에 실패했음을 의미한다. 이러한 약속이라 함은 하나님께서 우리를 위해 장래에 행하실 일을 말하며, 그것이 내가 의미하는 '장래의 은혜'이다. 이것이 '은혜'임은 우리와 같이 전혀 합당하지 못한 사람들에게 전적으로 선한 것이기 때문이다. 그리고 이런 일이 아직 우리에게 일어나지 않았지만 앞으로 5초 후나 5천 년 후에 우리에게 틀림없이 주어질 일이기 때문에 '장래'라고 말했다.

우리 그리스도인들에게 이러한 하나님의 약속은 각별하게 다가온다. 이 약속은 1분도 안 되어 우리에게 주어질 미래와도 상관이 있고, 우리의 영원과도 연결된다.

> 나의 하나님이 그리스도 예수 안에서 영광 가운데 그 풍성한 대로 너희 모든 쓸 것을 채우시리라(빌 4:19).

내 평생에 선하심과 인자하심이 반드시 나를 따르리니(시 23:6).

여호와께서 은혜와 영화를 주시며 정직하게 행하는 자에게 좋은 것을 아끼지 아니하실 것임이니이다(시 84:11).

적은 무리여 무서워 말라 너희 아버지께서 그 나라를 너희에게 주시기를 기뻐하시느니라(눅 12:32).

두려워하지 말라 내가 너와 함께 함이라 놀라지 말라 나는 네 하나님이 됨이라 내가 너를 굳세게 하리라 참으로 너를 도와 주리라 참으로 나의 의로운 오른손으로 너를 붙들리라(사 41:10).

그런즉 누구든지 사람을 자랑하지 말라 만물이 다 너희 것임이라 바울이나 아볼로나 게바나 세계나 생명이나 사망이나 지금 것이나 장래 것이나 다 너희의 것이요 너희는 그리스도의 것이요 그리스도는 하나님의 것이니라(고전 3:21-23).

우리가 알거니와 하나님을 사랑하는 자 곧 그의 뜻대로 부르심을 입은 자들에게는 모든 것이 합력하여 선을 이루느니라(롬 8:28).

내가 세상 끝날까지 너희와 항상 함께 있으리라(마 28:20).

내가 확신하노니 사망이나 생명이나 천사들이나 권세자들이나 현재 일이나 장래 일이나 능력이나 높음이나 깊음이나 다른 어떤 피조물이라도 우리를 우리 주 그리스도 예수 안에 있는 하나님의 사랑에서 끊을 수 없으리라(롬 8:38-39).

이 구절과 함께 성경의 수많은 말씀들이 하나님이 베푸실 장래의 은혜에 대한 우리의 믿음을 견고하게 세워준다. 이 모든 은혜에 있어 궁극적인 선물은 바로 하나님 자신이다. 그리스도께서는 그저 우리를 잘 되게만 하시기 위해서가 아니라 우리를 아버지 하나님께로 데려 가시려고 목숨을 내놓으셨다. "그리스도께서도 단번에 죄를 위하여 죽으사 의인으로서 불의한 자를 대신하셨으니 이는 우리를 하나님 앞으로 인도하려 하심이라"(벧전 3:18). "하늘에서는 주 외에 누가 내게 있으리요 땅에서는 주밖에 내가 사모할 이 없나이다"(시 73:25).

"내가 여호와께 아뢰되 주는 나의 주님이시오니 주밖에는 나의 복이 없다 하였나이다"(시 16:2). "또한 모든 것을 해로 여김은 내 주 그리스도 예수를 아는 지식이 가장 고상하기 때문이라"(빌 3:8). 예수님은 기도하시기를, "아버지여 내게 주신 자도 나 있는 곳에 나와 함께 있어 아버지께서 창세 전부터 나를 사랑하시므로 내게 주신 나의 영광을 그들로 보게 하시기를 원하옵나이다"(요 17:24)라고 하셨다. 장래의 은혜로 인한 최종적이고 최고로 좋으며 가장 만족스러운 선물은 바로 하나님 당신을 뵙고 그분을 맛보는 데 있다.[3]

맞불 놓기

하나님께서 예수 그리스도 안에서 우리를 위해 약속하신 모든 것에 만족하는 것이 바로 장래의 은혜에 대한 믿음으로 살아가는 삶의 본질이다. 앞으로 내가 장래의 은혜에 대한 믿음이나 하나님이 우리를 위해 약속하신 바에 만족하는 삶에 관해 얘기할 때마다, 나는 그러한 믿음과 만족의 본질이 바로 그리스도께서 우리 죄를 대신 지시고 하나님께 완전히 순종하심으로써 믿음을 통해 그것이 전가되었다는 진리를 붙드는 데 있음을 상정(想定)하고 있다. 달리 말하자면, 장래의 은혜에 관한 믿음에는 약속 그 자체뿐 아니라 그 약속을 가능케 한 근거도 포함되어 있다는 뜻이다. 이 믿음은 그리스도께서 당신의 피와 의로움을 통해 우리에게 장래의 은혜를 위한 모든 기초를 제공하셨다는 사실을 소중히 여긴다. 그리고 그리스도께서 그렇게 행하셨기 때문에 하나님께서 그리스도 안에서 약속하신 모든 것들이 지금 우리들에게 소중히 다가오는 것이다. 내가 예수님 안에서 우리를 위해 하나님이 행하신 모든 것을 만족하는 믿음에 관해 말할 때는 지금까지 언급한 모든 의미가 포함되어 있음을 분명히 해두겠다.

이 믿음은 죄의 뿌리를 제거하는 능력이다. 죄에도 능력이 있어 우리에게 뭔가를 약속한다. 예를 들자면 이렇다. "거짓말 좀 해서 세금 환급 좀 많이 받으면 그 돈으로 네가 하고 싶은 일을 할 수 있지." "이 포르노 영화를 보면 정결한 양심을 소유했을 때보다 더 짜릿한 즐거움이 올 거야." "이 음식과 과자들을 양껏 먹으면 네 안에 있는 좌절감이나 상처 같은 것들을 누그러뜨리고 지금보다 기분이 좀 나아질거야." 의무감 때문에 죄 짓는 사람은 없다. 죄가 우리에게 달콤한 행복을 약속하고 있기 때문이라고 믿기에 그렇게 한다. 성경은 우리에게 "너희 중에 누구든지 죄의 유혹으로 완고하게 되지 않도록 하라"(히 3:13)고 경고한다. 죄가 약속하는 것들은 거짓이다.

불신에 맞서 싸우며 장래의 은혜에 대한 믿음으로 살아가는 것은 비유하자면 맞불을 놓는 것과 같다. 우리는 하나님의 약속으로 죄가 약속하는 것들을 날려버린다. 하나님께서 우리 장래에 관해 하신 위대한 약속들을 부여잡고 특정한 죄들을 향해 이렇게 외친다. "자, 맛좀 보라고!" 이런 방식으로 우리는 로마서 8장 13절에서 바울이 말한 바대로 살아간다. "너희가…영으로써 몸의 행실을 죽이면 살리니." 존 오웬은 이 말씀을 기초로 하여 책 한 권을 썼고 그것을 이렇게 한 문장으로 요약했다. "죄를 죽여라. 그렇지 않으면 죄가 당신을 죽일 것이다."[4] 우리는 거짓된 죄의 뿌리를 제거함으로써 구체적으로 나타나기 전에 그 죄악된 행실을 죽일 수 있는 것이다.

이것을 "영으로써" 한다는 것은 우리가 성령의 능력으로 이렇게 할 수 있다는 뜻이며, "성령의 검"인 하나님의 말씀을 휘두른다는 의미이다(엡 6:17). 복음의 핵심에는 우리 영혼을 흔들어 깨우시는 "하나님의 말씀"이 있고 이러한 그분의 말씀은 성경에 계시되어 있다. 그리스도의 죽으심과 부활의 복음은 하나님의 모든 약속의 핵심이자 근거가 된다. 이것이 로마서 8장 32절이 말하는 논리이다. "자기 아들을 아끼지 아니하시고 우리 모든 사람을 위하여 내주신 이가 어찌 그 아들과 함께 모든 것을 우리에게 주시지 아니하겠느냐." 우리에게 필요한—하나님의 모든 약속을 성취하는—"모든 것"이 주어진다는 사실은 하나님께서 당신의 아들을 아끼지 않으셨다는 진리로 인해 안전하게 보장받는다. 이를 적극적으로 말하자면, 하나님의 모든 약속은 하나님께서 우리의 죄문제를 처리하고 우리의 의가 되게 하시려고 당신의 아들을 이 땅에 보내사 죽음과 삶을 경험하게 하셨기에 확실한 것이다. 따라서 우리가 성령의 검인 하나님의 말씀을 '사용'해야 한다고 말할 때 내가 의미하는 바는 이러한 그리스도 중심의 복음 진리를 모든 약속과 함께 굳게 붙들고, 모든 상황에서 거기에 의존해 살아가라는 것이다. 우리는 더 탁월한 약속이 있는 복음의 능력으로 죄의 힘이 공급되는 생명선을 끊을 수 있다. 이 또한 적극적으로 말하자면, 우리는 장래의 은혜에 대한 믿음으로 말미암아 사랑의 강물을 흐르게 할 수 있다.

우리는 하나님이 허락하신 약속들을 신뢰함으로 다른 사람을 사랑하게 되는 것이다.

예수께서 이처럼 사랑하사

성경은 예수님께서 "그 앞에 있는 기쁨을 위하여 십자가를 참으"(히 12:2)셨다고 말씀한다. 다른 말로 하자면, 인류 역사상 가장 위대한 사랑의 희생인 십자가는, 예수님께서 구원받고 주님을 경배하는 백성과 함께 장차 누릴 영원한 기쁨을 확신했기 때문이라는 것이다. 우리의 사랑 역시 이런 식으로 길러진다.

하지만 여기에는 차이점이 있다. "앞에 있는 기쁨을 위하여" 사랑의 희생을 감당하려는 우리의 의지는 동일한 일을 행하려는 예수님의 의지가 있기에 가능하다. 그분의 고난으로 우리의 죄들은 덮여지고 사랑으로 살아갈 수 있도록 자유를 얻었다. 사랑으로 행하는 길에서 겪는 우리의 고난은 주님의 고난에 근거하고 있다. 주님은 장래의 기쁨이 '권리'right로써 주어질 것을 바라보셨다. 하지만 우리에게는 그분의 보혈을 통한 '은혜'grace로 인해 기쁨이 주어진다. 주님의 고난은 그저 우리가 따라야 할 본이 아니라, 우리 소망의 근거인 것이다. 그럼에도 불구하고 주님과 우리는 모두 "우리 앞에 있는 기쁨을 위하여" 인내한다[했다]는 면에서는 동일하다. 주님의 기쁨은 장래의 권리였지만 우리에게는 장래의 은혜인 것이다.

따라서 우리는 예수님의 죽으심과 부활 없이는─즉 과거의 은혜 없이는─어떠한 장래의 은혜도 기대할 수 없다. 우리를 향한 하나님의 장래의 은혜는 예수님의 죽음과 부활로 우리에게 허락하신 과거의 은혜로 인해 획득되고 보장된다. 바울은 우리가 지금껏 살펴보았던 진리들을 성경에서 가장 위대한 구절 중 하나를 통해 풀어놓고 있다. "자기 아들을 아끼지 아니하시고 우리 모든 사람을 위하여 내주신[과거의 은혜] 이가 어찌 그 아들과 함께 모든 것을 우리에게 주시지 아니하겠느냐[장래의 은혜]"(롬 8:32). 천국의 영광스런 논리에 주목하라. 자기 아들을 아끼지 아니하시고 우리 모든 사람을 위하여 내주셨기 '때문에'because, '따라서'therefore 우리에게 그 무엇도 아끼지 않고 필요한 모든 것을 그 전능한 능력으로 허락하실 것이다. 이처럼 그리스도를 신뢰하는 자들을 위해 확실한 장래의 은혜가 절대적으로 보장되어 있다. 하나님께서 당신의 외아들을 그렇게 아끼지 않을 정도이니 다른 일들은 반드시 확실하게 이루실 것이다.

우리는 승리자이다!

그 다음 구절은 이렇게 이어진다. "누가 능히 하나님께서 택하신 자들을 고발하리요 의롭다 하신 이는 하나님이시니 누가 정죄하리요 죽으실 뿐 아니라 다시 살아나신 이는 그리스도 예수시니 그는 하나님 우편에 계신 자요 우리를 위하여 간구하시는 자시니라"(33-34절). 이 말씀은 그리스도로 인해 하나님께서는 우리를 의롭다 하셨다는 뜻이다. 이것은 과거 시제이다. 우리는 그리스도 안에서 이미 의롭다 여겨지는 존재다. 아무도 우리에 대해 고발하는 일에 완벽하게 성공할 수 없다. 그리스도께서 이러한 우리를 위해 죽으시고 다시 살아나셨기 때문이다. 따라서 그리스도 안에 있는 우리는 이미 결정적인 승리를 쟁취한 자로서 불신과 죄와 싸워야 한다. 그리스도를 믿는 믿음으로 우리는 이미 천국에 서 있다. 그리스도께서 우리의 의로움이시다. 우리가 거룩함을 갈망하는 것은 하나님께 받아들여지기 위해서가 아니라 이미 그분께서 받으신 존재이기 때문이다. 바울은 이에 대해 이렇게 표현했다. "오직 내가 그리스도 예수께 잡힌 바 된 그것을 잡으려고 달려가노라"(빌 3:12).

따라서 나는 당신이 하나님의 약속에 대한 불신에 대항하여 벌이는 나의 싸움에 함께해줄 것을 부탁하는 바이다. 장래의 은혜에 대한 믿음으로 선한 싸움을 싸우는 이 일에 당신을 초청한다. 이것을 인생에서 가장 중요한 과업으로 여기고 당신의 온마음을 다해 믿음의 선한 싸움을 싸우라. 하나님께서 끝까지 이러한 우리와 함께하실 것이다. "두려워하지 말라 내가 너와 함께 함이라 놀라지 말라 나는 네 하나님이 됨이라 내가 너를 굳세게 하리라 참으로 너를 도와 주리라 참으로 나의 의로운 오른손으로 너를 붙들리라"(사 41:10).

내가 두려워하는 날에는
내가 주를 의지하리이다
시편 56편 3절

너희 염려를 다 주께 맡기라
이는 그가 너희를 돌보심이라
베드로전서 5장 7절

그러므로 염려하여 이르기를
무엇을 먹을까 무엇을 마실까
무엇을 입을까 하지 말라
이는 다 이방인들이 구하는 것이라
너희 하늘 아버지께서 이 모든 것이
너희에게 있어야 할 줄을 아시느니라
마태복음 6장 31-32절

1장

염려에 맞서 싸우기

장래의 은혜를 통해 승리한 나의 경험담

고등학교에 다니던 시절, 나는 많은 사람들 앞에서 말을 할 수 없었다. 사람들 앞에 설 때마다 너무 긴장해서 거의 말을 하지 못할 정도였다. 그것은 대부분의 사람들에게 어느 정도 있는 초조함 정도가 아니었다. 거의 장애에 가까운, 너무나 끔찍하고 모욕적인 결함이었다. 무대 공포증은 내 인생에서 막대한 염려거리였다. 학교에서 책을 읽고 발표하는 것마저도 도저히 할 수 없었다. 그래서 학급 반장 선거에도 출마하지 못했다. 선거에 출마하면 교실마다 다니면서 정견 발표를 해야 했기 때문이다. 수업 시간에 선생님의 질문에 대해서는 몇 개의 단어로 된 아주 짧은 대답만 할 수 있었다. 수학 시간에 칠판에 기록된 문제를 풀 때마다 손이 떨려 너무 부끄러웠다. 학생들만 모여 예배를 드리는 주일에는 교회에 가기도 싫었다.

눈물도 많이 흘렸다. 어머니는 그런 결함을 극복할 수 있도록 언제나 뒷받침해주고 격려를 아끼지 않으셨다. 비록 내 육체의 '가시'는 제거되지 않았지만 나는 하나님의 은혜로 잘 견뎌냈다. 나는 특별히 대중 앞에서 말해야 하는 과정을 거치지 않고 대학에 진학할 수 있었다. 그러나 마음속에서 일어나는 염려와의 맹렬한 싸움은 계속되었다. 획기적인 돌파구가 없다면 내 인생은 엄청나게 제약되고 속박받을 것이 분명했다. 또한 대중 앞에서 말을 하지 않고서는 대학을 졸업하지 못할 수도 있다는 불안감이 늘 가시지 않았다. 실제로 휘튼 대학은 그 당시 필수 과목 가운데 '발표' 과목이 있었다. 그 과목은 내 앞을 가로막고 있는 거대한 콘크리트 장벽처럼 보였다.

이렇게 절망하는 와중에서도 하나님은 내가 그분의 은혜

속으로 더욱 깊이 들어가도록 이끄셨다. 염려 속에 빠져 하나님을 멀리 떠나는 일은 다행히 일어나지 않았다. 나는 이에 대해 진심으로 하나님께 감사드린다. 그처럼 성숙해진 하나님과의 관계를 통해 나에게 어떤 돌파구가 필요하다고 인식하게 되었다.

돌파구를 찾을 수 있는 좋은 기회가 1학년 스페인어 수업 시간에 찾아왔다. 수업을 듣는 모든 학생들은 다른 학생들 앞에서 스페인어로 짧게 발표를 해야 했다. 그 자리를 피할 길은 없었다. 나는 그때가 양단간 결단을 내려야 하는 상황처럼 느껴졌다. 이 글을 쓰고 있는 지금도 웃음이 나오지 않는다.

나는 발표 내용을 딱딱하게 모두 암기했다. 암기했다는 말은 노트를 보기 위해 고개를 숙이지 않아도 되고, 그렇게 함으로써 시선이 흐트러지지 않으며, 끔찍하고 무기력하게 말을 잠시 멈추지 않아도 된다는 의미였다. 또한 나는 나무로 만든 커다란 강단에서 발표를 했으므로 그 강단을 두 손으로 꼭 잡아 떨리는 손을 좀 더 통제할 수 있었다.

그러나 내가 했던 주된 일은 하나님께 간구하고 장래의 은혜에 대한 그분의 약속을 굳게 붙잡는 것이었다. 지금도 휘튼 대학 앞쪽의 캠퍼스에서 내 인생의 돌파구를 찾도록 도와달라고 하나님께 간구하던 때를 떠올리면 눈물이 흐른다.

스페인어 시간에 세 번 발표했는데, 그 내용들은 선명하게 기억나지 않는다. 내가 기억하는 것은 그것을 모두 해냈다는 사실이다. 모든 학생들은 내가 긴장하고 있다는 것을 알았다. 사람들이 당신을 가엾게 여기지만 어떻게 반응해야 할지 모를 때에는 죽음과 같이 끔찍한 침묵이 흘러드는 법이다. 그 당시가 그랬다. 그들은 어릴 적 나의 그런 모습을 보며 비웃던 다른 아이들처럼 낄낄거리지 않았다. 선생님은 친절하게 자기 견해까지 덧붙여 평가해주셨다. 그러나 다른 모든 것을 압도했던 놀라운 사실은, 내가 그것을 해냈다는 것이었다. 발표 시간이 끝난 후에 나는 가을의 태양빛 아래에서 하나님께 깊은 감사를 쏟아놓았다. 지금도 나는 그 당시에 하나님께서 내게 베풀어주셨던 장래의 은혜에 대해 깊은 감사를 느낀다.

가장 결정적인 돌파구가 될 만한 사건은 그로부터 1년 후에 일어났다. 나는 여름 강좌를 위해 학교에 남아 있었다. 교목이었던 에반 웰치 목사님이 여름 강좌 개강 예배 때에 기도해달라고 내게 부탁하셨다. 수백 명의 학생들과 교수들이 그 자리에 참석할 예정이었다. 그의 부탁에 나는 즉각적으로 거절하려고 했다. 그러나 그 마음을 말하려는 순간, 무언가 나를 가로막았다. 거절하는 대신 이렇게 질문했다. "얼마나 길게 기도해야 하나요?" 그분은 길이는 별로 중요하지 않다고 말씀하셨다. 내 마음에서 진심으로 우러나오는 기도면 충분하다는 것이었다.

수백 명 앞에서 하나님께 나의 진심을 말하는 것은 그때까지 한 번도 시도해본 적이 없는 일이었다. 예배 시간에 기도를 하겠다고 말하면서 나 자신도 놀랐다. 나는 그 기도가 내 인생에 있어 결정적인 전환점이 될 것을 믿었다. 먼저, 나는 하나님께 서원했다. "하나님, 목소리가 떨리지 않고 기도를 끝내도록 도와주신다면, 당신을 위해 말할 수 있는 기회가 생길 때 절대 거절하지 않겠습니다." 그때가 1966년이었다. 하나님께서는 놀라운 은혜로 나의 기도에 응답하셨고, 나 역시 그때의 서원을 지키고 있다.

이 이야기를 통해 나는 장래의 은혜가 다른 부분에도 영향을 미쳤다는 것을 알았다. 하나님이 약속하신 것들을 어느 시점에 이르러 우리가 완전히 이해할 수 있는 것은 아니다. 나는 고등학교 시절을 다시 반복하고 싶지 않다. 당시에 느꼈던 염려, 창피함 그리고 수치심은 그 모든 세월을 기억의 저편에 묻어버리고 싶을 만큼 컸다. 수백 번 기도했지만, 내가 그 당시에 바라던 대로 정확히는 응답되지 않았다. 그러나 하나님은 오히려 내게 인내하는 은혜를 주신 것 같다. 30년이 지난 지금 생각해보면, 그때 하나님은 과도한 허영심과 세속적인 태도로부터 나를 보호하셨다는 확신이 든다. 하나님께서는 다른 친구들이 피상적으로 살아가기 시작할 때에도, 내가 고독 가운데 심도 있는 문제들을 깊이 생각할 수 있도록 붙잡아주셨다.

내가 열다섯 살 때 부모님께서 주셨던 성경책이 아직도 내 책상 위에 놓여 있다. 그 성경책에는 중요한 구절들이 잘 표시되어 있다. 그중에 마태복음 6장 32절 말씀도 빨간색으로 밑줄이 그어져 있다. "너희 하늘 아버지께서 이 모든 것이 너희에게 있어야 할 줄을 아시느니라."

나는 10대 초반에 이미 장래의 은혜에 대한 믿음으로 살아가기 위해 애쓰고 있었다. 승리는 장담할 수 없어 보였다. 그러나 하나님은 너무나 신실하시고 인자하셨다.

염려의 친구들

그 뒤로 이어진 수십 년 동안 나는 염려에 대항하는 싸움에 대해 더욱 많은 것들을 배워갔다. 예를 들어 나는 염려가 다른 여러 죄악된 생각들을 불러일으키는 마음 상태라는 것을 깨달았다.

얼마나 많은 죄악된 행동과 태도가 염려로부터 유발되는지 잠시 생각해보라. 재정에 대한 염려는 탐욕과 욕심과 사재기와 절도를 유발시킨다. 어떤 일이 성공할 것인지 염려하게 되면 당신은 급해지고 무뚝뚝하며 퉁명스럽게 변한다. 관계를 염려할 때 당신은 주눅이 들고 다른 사람에 대해 무관심하며 주의를 기울이지 않게 된다. 누군가 당신에게 어떻게 반응할 것인가를 염려하다보면 당신은 진실을 가리게 되고 거짓말을 하게 한다. 염려를 정복할 수 있다면 다른 수많은 죄악들에 대해서도 치명적인 타격을 가할 수 있을 것이다.

염려의 뿌리

또한 나는 염려의 뿌리와 그것을 끊을 수 있는 방법에 대해서도 깨달았다. 내가 열다섯 살 때 가장 중요하게 여겼던 성경 구절 가운데 하나가 마태복음 6장 25-34절이었다. 예수님께서는 이 본문 속에서 제자들에게 염려하지 말라는 말씀을 네 번이나 하셨다. 25절, "목숨을 위하여 … 염려하지 말라." 27절, "너희 중에 누가 염려함으로 그 키를 한 자라도 더할 수 있겠느냐." 31절, "그러므로 염려하여 이르기를 무엇을 먹을까 … 하지 말라." 34절, "그러므로 내일 일을 위하여 염려하지 말라."

이 본문에서는 염려의 문제가 선명하게 부각된다. 30절에는 그러한 염려의 뿌리가 명확하게 제시되어 있다. "오늘 있다가 내일 아궁이에 던져지는 들풀도 하나님이 이렇게 입히시거든 하물며 너희일까보냐 믿음이 작은 자들아." 다른 말로 하자면 예수님은 하나님께서 장래에 베푸실 은혜에 대한 믿음이 부족해서 염려가 생긴다고 말씀하신 것이다. 불신앙이 우리 마음을 제압해서 이길 때에 나타나는 결과 중 하나가 염려다. 염려가 생기는 근본적인 원인은 하나님께서 예수님 안에서 우리를 위해 제시하신 모든 약속들을 신뢰하지 못하는 데에 있다.

  이러한 진리에 대해서는 두 가지 종류의 그릇된 반응이 있다고 생각한다. 이제부터 그 두 가지가 무엇인지 설명하고 그에 대한 성경적인 대안을 제시하고자 한다. 그런 후에 불신앙으로 인한 염려에 어떻게 대항해야 하는지 좀 더 자세하게 살필 것이다.

이것은 좋은 소식인가?

  첫 번째 반응은 다음과 같다. "이것은 그리 좋은 소식이 아니군요. 나의 이런저런 염려하는 생각들이 단순히 개인의 기질 정도를 나타내는 게 아니라 내가 하나님을 신뢰하는지 가늠하는 싸움이라는 사실이 나를 낙담케 합니다." 이러한 주장이 전혀 틀린 것은 아니지만 거기에 전적으로는 동의할 수 없다. 위장병으로 오랫동안 고통당해서 온갖 종류의 약물과 식이요법을 써봤지만 별로 효과를 거두지 못했다고 하자. 그리고 담당 의사가 정기 검진 후에 위암이라는 진단을 내렸다고 해보자. 그것은 '좋은' 소식인가? 단호하게 아니라고 할 것이다. 나 역시 그렇게 생각한다.

그렇다면 다른 방식으로 동일한 질문을 던져보겠다. 암을 치료할 수 있는 초기에 의사가 그것을 발견했고, 실제로 성공적으로 암을 치료했다면 기쁘겠는가? "심각한 문제로 발전할 수 있는 병을 초기에 발견해주셔서 기쁩니다"라고 말할 것이다. 나 역시 그 말에 동의한다. 암에 걸렸다는 것은 좋은 소식이 아니다. 그러나 다른 의미에서 본다면 그것은 좋은 소식이다. 무엇이 잘못되었는지 알게 되어 조치를 취할 수 있기 때문이다. 특히 문제가 성공적으로 해결되었을 경우에는 더욱 그렇다.

염려의 배후에 있는 진짜 문제가 다른 것이 아니라 하나님께서 베푸실 장래의 은혜에 대한 약속들을 믿지 못하는 불신앙임을 알게 되는 것도 마찬가지다. 어떤 의미에서 그것은 좋지 않은 소식이다. 불신앙은 암과 같이 매우 심각한 병이기 때문이다. 하지만 다른 의미에서 그것은 좋은 소식이다. 그 이유는 진정으로 잘못된 것이 무엇인가를 아는 것은 우리 영혼에 진정한 유익이 되기 때문이다. 더 나아가 우리의 위대하신 의원이신 주님께서 불신앙이라는 병을 성공적으로 치유하실 수 있기 때문이다. 우리가 "내가 믿나이다 나의 믿음 없는 것을 도와주소서"(막 9:24)라고 외칠 때 그분은 우리 안에 기적적인 치유를 행하신다.

자신의 근심과 불신앙 사이에 연결 고리가 있음을 발견한 사람들에게, 나는 그것이 매우 좋은 소식이라고 말하고 싶다. 이를 통해 우리는 죄악이 양산되는 근원과 싸움을 시작할 수 있으며, 하나님의 말씀과 그분의 영을 통한 치료법으로 승리할 수 있기 때문이다. 바울이 "믿음의 선한 싸움을 싸우라"(딤전 6:12)고 말할 때, 굳이 '선하다'고 한 이유는 그 싸움이 질병의 정확한 원인인 불신앙에 초점을 맞추고 있기 때문이었다.

어떻게 확신할 수 있는가?

우리의 염려가 장래의 은혜에 대한 믿음으로 살아가지 못하기 때문이라는 사실에 대해 또 이러한 반응이 나올 수 있다. "나는 날마다 염려하며 살아갑니다. 하나님의 은혜에 대한 나의 믿음이 충분하지 않다는 느낌을 떨쳐버릴 수 없습니다. 이러다가는 나의 구원에 대한 확신마저도 의심하게 되는 건 아닌지 모르겠네요."

이러한 걱정에 대해 내 생각은 약간 다르다. 당신이 자동차 경주를 하고 있는데, 당신의 우승을 원치 않는 경쟁 상대가 당신 자동차의 앞 유리에 진흙을 던졌다고 가정해보자. 당신이 잠시 앞을 보지 못하고 곁길로 벗어나기 시작했다고 해서 필연적으로 그 경주를 포기해야 하는 것은 아니다. 당신의 자동차가 잘못된 경주로를 달리는 것도 아니다. 만일 그랬다면 경쟁자에게 견제를 당할 이유도 없었을 것이다. 당신은 그저 워셔액을 뿌리고 와이퍼로 자동차 앞 유리를 닦아내면 된다.

염려가 엄습하여 하나님의 영광에 대한 시야를 흐리게 하고 그분이 우리를 위해 계획하신 장래의 위대함을 못 보게 한다 해서, 우리에게 믿음이 없거나 하나님 나라에 이르지 못하게 된다는 의미는 아닌 것이다. 그것은 우리의 믿음이 공격을 당하고 있다는 의미다. 처음 공격을 받고서 하나님의 약속에 대한 우리의 믿음은 흔들리고 곁길로 나아갈지도 모른다. 그러나 우리가 올바른 길 위에서 마지막 결승선을 향해 나아가고 있는가의 여부는 우리가 은혜를 힘입어 역공을 취하고 있는가에 달려 있다. 즉 우리가 염려를 일삼는 불신앙을 몰아내기 위해 반격하는가에 달려 있다. 우리는 워셔액을 사용하며 와이퍼를 작동시키고 있는가?

시편 56편 3절은 이렇게 말한다. "내가 두려워하는 날에는 내가 주를 의지하리이다." 이 구절이 "나는 결코 두려움과 싸우지 않겠다"고 말하지 않음에 주목하라. 두려움이 엄습해오면 전투는 시작된다. 성경은 진정한 성도들에게도 염려는 찾아온다고 말씀한다. 오히려 성경은 염려나 두려움이 공격해 올 때 어떻게 반격해야 하는지 우리에게 말해주고 있다.

예를 들어 베드로전서 5장 7절은 이렇게 말한다. "너희 염려를 다 주께 맡기라[cast] 이는 그가 너희를 돌보심이라." 성경은 "너희가 결코 염려에 빠지지 않을 것이다"고 하지 않는다. 베드로전서 본문은 우리에게 염려가 있을 때 그것을 하나님께 던져버리라[cast]고 권면한다. 진흙이 당신 자동차의 앞유리를 더럽혀 순간적으로 시야를 잃고 염려로 인해 길에서 벗어나게 될 때에는 워셔액을 뿌리고 와이퍼를 작동시켜라.

날마다 염려라는 감정을 대면하고 또 이를 극복해야 하는 사람들에게 나는 그것이 '지극히 정상적인 현상'이라고 말해주고 싶다. 나의 경우만 보더라도 그 사실이 분명해진다. 적어도 나는 청소년 시절부터 그러한 감정을 대면해야 했다. 문제는 "우리가 염려나 두려움을 어떻게 물리쳐야 하는가?"이다.

믿음을 증진시키는 위대한 건축가들

위에서 제기된 질문에 대한 답은 이렇다. "우리는 불신앙에 대항해 싸우며, 장래의 은혜에 대한 믿음을 위해 싸움으로써 염려를 물리쳐야 한다." 이러한 '선한 싸움'은 장래의 은혜에 대한 하나님의 보증을 깊이 묵상하고 성령님의 도움을 구함으로써 가능하다. 비유하자면 앞유리의 와이퍼는 불신앙의 진흙들을 깨끗이 제거하시는 하나님의 약속들이며, 워셔액은 성령님의 도우심이다. 앞에서 살펴본 것처럼, 죄악으로부터 자유로워지기 위해 벌이는 싸움은 "성령의 거룩하게 하심과 진리를 믿음으로"(살후 2:13) 수행해야 한다. 성령님의 사역과 진리의 말씀, 이 두 가지가 믿음을 증진시키는 위대한 건축가이다.

워셔액과 같은 성령님의 사역이 없으면, 말씀의 와이퍼는 시야를 가리는 불신앙의 오물들을 닦아내지 못하고 시끄러운 소리만 내게 된다. 성령님과 말씀, 두 가지가 모두 필요하다. 하나님의 약속들을 읽고 성령님의 도움을 구하며 기도해야 한다. 그리하면 깨끗한 자동차의 앞유리를 통해 바라보듯이 우리를 위해 준비해두신 하나님의 평안(렘 29:11)을 선명하게 바라보게 되며, 우리의 믿음은 더욱 강화되고 우리를 곁길로 끌어가던 염려는 자취를 감추게 된다.

염려를 없애주는 장래의 은혜에 대한 일곱 가지 약속

그렇다면 염려는 실제 생활에서 어떻게 나타나는가? 마태복음 6장에는 먹는 것과 입는 것에 관한 염려의 사례가 제시되어 있다. 심지어 광범위한 차원의 복지 체계를 갖추고 있는 미국에서도, 재정과 주택 문제에 대한 염려가 상당히 심각한 상태에까지 이르렀다.

그러나 예수님께서는 마태복음 6장 30절에서 이러한 염려가 하나님께서 베푸실 장래의 은혜에 대한 약속들을 믿지 못하기 때문에 생긴다고 하셨다. "믿음이 작은 자들아." 그 말씀이 기록된 문맥에서는 불신앙에 대항하고 염려로부터 자유롭고자 선한 싸움을 싸우는 우리를 돕기 위해 예수님께서 제시하신 일곱 가지 약속이 기록되어 있다.

약속 #1

그러므로 내가 너희에게 이르노니 목숨을 위하여 무엇을 먹을까 무엇을 마실까 몸을 위하여 무엇을 입을까 염려하지 말라 목숨이 음식보다 중하지 아니하며 몸이 의복보다 중하지 아니하냐(마 6:25).

우리의 몸과 생명은 음식이나 의복과는 비교할 수 없을 정도로 복잡하며, 또한 실제로 하나님께서 우리를 창조하시고 우리에게 몸을 부여해주셨으므로, 하나님께서는 얼마든지 우리에게 음식과 의복을 제공해주실 수 있다. 더 나아가 어떤 일이 일어나더라도 하나님께서는 우리의 몸을 언젠가 다시금 살리실 것이고, 그분과 영원한 교제를 누리도록 우리의 생명을 보존해주실 것이다.

약속 #2

> 공중의 새를 보라 심지도 않고 거두지도 않고 창고에 모아들이지도 아니하되 너희 하늘 아버지께서 기르시나니 너희는 이것들보다 귀하지 아니하냐(마 6:26).

살기 위해 먹이를 쌓아놓지 못하는 새들과 같은, 미미한 동물조차 하나님께서 먹이신다면 그분은 분명히 우리에게 필요한 것들을 공급해주실 것이다. 우리는 그런 새들보다 더욱 귀한 존재이기 때문이다.

약속 #3

> 너희 중에 누가 염려함으로 그 키를 한 자라도 더 할 수 있겠느냐 또 너희가 어찌 의복을 위하여 염려하느냐(마 6:27-28).

이것은 아주 특이한 약속이다. 실제적이며 단순한 약속이다. 염려가 우리에게 이롭지 않다는 것이다. 때때로 우리는 자신에게 매우 엄격해야 할 때가 있다. "내 영혼아, 이런 초조함은 전적으로 아무 소용이 없다. 그런 염려는 네가 살아갈 하루를 엉망으로 만드는 데서 끝나지 않고, 다른 사람들도 힘들게 한다. 염려를 하나님께 맡기고 네게 맡겨진 일에 전념해라." 염려는 가치 있는 일을 전혀 만들어내지 못한다.

약속 #4

들의 백합화가 어떻게 자라는가 생각하여 보라 수고도 아니하고 길쌈도 아니하느니라 그러나 내가 너희에게 말하노니 솔로몬의 모든 영광으로도 입은 것이 이 꽃 하나만 같지 못하였느니라 오늘 있다가 내일 아궁이에 던져지는 들풀도 하나님이 이렇게 입히시거든 하물며 너희일까보냐 믿음이 작은 자들아(마 6:28-30).

하나님께서 보시기에 우리는 들에 핀 꽃들과 비교할 수 없을 정도로 고귀한 우선권을 갖고 있다. 우리는 영원한 생명을 누리면서 그분께 영원토록 찬송을 돌려 드릴 존재이기 때문이다. 그렇지만 하나님께서는 흘러넘치도록 풍성한 창조력과 돌보시는 능력이 있기 때문에, 며칠 정도만 화사하게 피었다 지는 꽃에게도 그러한 풍성함을 아낌없이 부어주신다. 그러므로 하나님께서는 동일한 힘과 창조적인 기술로 영원토록 자기와 함께 살아가게 될 자녀들을 돌보시는 데 사용하실 것임이 분명하다.

> 약속 #5
>
> 그러므로 염려하여 이르기를 무엇을 먹을까 무엇을 마실까 무엇을 입을까 하지 말라 이는 다 이방인들이 구하는 것이라 너희 하늘 아버지께서 이 모든 것이 너희에게 있어야 할 줄을 아시느니라(마 6:31-32).

하나님께서 우리의 필요에 대해 잘 모르신다고 생각하지 말라. 그분은 우리에게 있어야 할 모든 것을 알고 계신다. 또한 그분은 우리의 '하늘 아버지'이시다. 그분은 무관심하게 먼 곳에서 우리를 바라보고 계시지 않는다. 그분은 우리를 돌보신다. 그분은 자신이 정하신 최선의 때에 우리의 필요를 채우기 위해 움직이실 것이다.

> 약속 #6
>
> 그런즉 너희는 먼저 그의 나라와 그의 의를 구하라 그리하면 이 모든 것을 너희에게 더하시리라(마 6:33).

이 세상에서 우리의 개인적인 필요를 채우기 위해 안달하기보다 하나님의 뜻대로 자신을 드린다면, 하나님께서는 우리가 그분의 뜻을 이루고 영광을 돌리기 위해 필요한 모든 것들을 틀림없이 채워주신다. 이것은 로마서 8장 32절과 유사한 약속이다. "자기 아들을 아끼지 아니하시고 우리 모든 사람을 위하여 내주신 이가 어찌 그 아들과 함께 '모든 것'을 우리에게 주시지 아니하겠느냐."[5]

약속 #7

그러므로 내일 일을 위하여 염려하지 말라 내일 일은 내일이 염려할 것이요 한 날의 괴로움은 그날로 족하니라(마 6:34).

하나님께서는 우리가 감당할 수 있는 차원을 넘어서는 시험을 허락하지 않으신다(고전 10:13). 그분은 우리를 위해 일하실 것이므로 우리가 '사는 날을 따라서 능력이 있을' 것이다(신 33:25). 우리가 살아가는 모든 날 동안 우리가 감당할 수 있는 차원을 넘어서는 고난과 어려움은 없다. 또한 그 모든 날에 하나님의 은혜와 성실하심은 그날에 당하는 곤경들을 상쇄하고도 남을 만큼 충분할 것이다(애 3:22-23).

나의 하나님이 너희 모든 쓸 것을 채우시리라

바울은 이러한 교훈들을 예수님께 배웠고 그것을 빌립보교회 안에 있던 염려에 대항하여 싸우는 데 적용했다. 빌립보서 4장 6절에서 그는 이렇게 말한다. "아무것도 염려하지 말고 다만 모든 일에 기도와 간구로, 너희 구할 것을 감사함으로 하나님께 아뢰라."

그는 19절에서 장래의 은혜가 주는 자유케 하는 약속을 제시한다. "나의 하나님이 그리스도 예수 안에서 영광 가운데 그 풍성한 대로 너희 모든 쓸 것을 채우시리라." 우리가 이러한 장래의 은혜에 대한 믿음으로 살아가면 염려가 우리 속에서 살아남기란 거의 불가능할 것이다. 하나님의 '영광 가운데 있는 풍성'은 결코 끝이 없다. 그분은 우리가 장래에 관하여 걱정하지 않기를 진정으로 바라신다.

내가 염려할 때

우리는 예수님과 바울의 모범을 따라야 한다. 우리는 장래의 은혜에 대한 약속을 힘입어 염려의 불신앙을 대적해야 한다. 새로운 모험이나 모임을 앞두고 거기서 발생할지도 모를 위험에 대해 염려할 때마다, 나는 내가 가장 즐겨 사용하는 하나님의 약속(사 41:10)으로 나의 불신앙과 싸움을 벌였다.

내가 독일에서 3년 동안 공부하기 위해 떠나는 날, 아버지께서 장거리 전화를 걸어 나에게 이러한 약속을 들려주셨다. 나는 3년이라는 엄청난 압박의 세월을 보내면서 그 말씀을 수백 번 넘게 내 자신에게 들려주었다. "두려워하지 말라 내가 너와 함께함이라 놀라지 말라 나는 네 하나님이 됨이라 내가 너를 굳세게 하리라 참으로 너를 도와주리라 참으로 나의 의로운 오른손으로 너를 붙들리라"(사 41:10). 내 마음속의 엔진 기어가 중립에 있을 때 들려오는 소리는 언제나 이사야서 41장 10절이었다.

나의 사역이 아무 소용없고 공허하리라는 염려에 직면하게 되면, 나는 이사야서 55장 11절의 약속으로 그 불신앙을 대적했다. "내 입에서 나가는 말도 이와 같이 헛되이 내게로 되돌아오지 아니하고 나의 기뻐하는 뜻을 이루며 내가 보낸 일에 형통함이니라." 사역을 행하기에는 내 자신이 너무나 미약하다는 염려가 엄습할 때에는 예수 그리스도의 약속을 부여잡고 불신앙을 물리쳤다. "내 은혜가 네게 족하도다 이는 내 능력이 약한 데서 온전하여짐이라"(고후 12:9).

장래에 관한 어떤 결정을 내려야 하는 시점에서 염려할 때, 나는 시편의 약속으로 불신앙과 싸웠다. "내가 네 갈 길을 가르쳐 보이고 너를 주목하여 훈계하리로다"(시 32:8). 적대자들을 대면해야 할 때 나는 성경의 약속으로 불신앙과 대적했다. "만일 하나님이 우리를 위하시면 누가 우리를 대적하리요"(롬 8:31).

사랑하는 이들의 평안이 염려될 때에는, "너희가 악한 자라도 좋은 것으로 자식에게 줄 줄 알거든 하물며 하늘에 계신 너희 아버지께서 구하는 자에게 좋은 것으로 주시지 않겠느냐"(마 7:11)라는 약속으로 힘을 얻었다. 또한 나는 다음의 말씀을 기억하면서 영적인 균형과 평안함을 유지했다. "내가 진실로 너희에게 이르노니 나와 복음을 위하여 집이나 형제나 자매나 어머니나 아버지나 자식이나 전토를 버린 자는 현세에 있어 집과 형제와 자매와 어머니와 자식과 전토를 백배나 받되 박해를 겸하여 받고 내세에 영생을 받지 못할 자가 없느니라"(막 10:29-30).

몸이 아파 염려될 때에는 "의인은 고난이 많으나 여호와께서 그의 모든 고난에서 건지시는도다"(시 34:19)라는 약속으로 불신앙을 극복했다. 또한 다음과 같은 약속을 떨리는 마음으로 붙잡았다. "환난은 인내를, 인내는 연단을, 연단은 소망을 이루는 줄 앎이로다 소망이 우리를 부끄럽게 하지 아니함은 우리에게 주신 성령으로 말미암아 하나님의 사랑이 우리 마음에 부은 바 됨이니"(롬 5:3-5).

나이 들어가는 것에 대해 염려할 때에도 말씀의 약속으로 불신앙과 싸웠다. "너희가 노년에 이르기까지 내가 그리하겠고 백발이 되기까지 내가 너희를 품을 것이라 내가 지었은즉 내가 업을 것이요 내가 품고 구하여 내리라"(사 46:4).

죽음에 대한 염려도 마찬가지였다. "우리 중에 누구든지 자기를 위하여 사는 자가 없고 자기를 위하여 죽는 자도 없도다 우리가 살아도 주를 위하여 살고 죽어도 주를 위하여 죽나니 그러므로 사나 죽으나 우리가 주의 것이로다 이를 위하여 그리스도께서 죽었다가 다시 살아나셨으니 곧 죽은 자와 산 자의 주가 되려 하심이라"(롬 14:7-9).

믿음의 파선을 당하여 하나님께로부터 멀어질 것을 염려할 때에도 말씀 가운데 있는 약속을 붙잡고 염려를 일으키는 불신앙을 타파했다. "너희 안에서 착한 일을 시작하신 이가 그리스도 예수의 날까지 이루실 줄을 우리는 확신하노라"(빌 1:6). "그러므로 자기를 힘입어 하나님께 나아가는 자들을 온전히 구원하실 수 있으니 이는 그가 항상 살아 계셔서 그들을 위하여 간구하심이라"(히 7:25).

칠십 세에 접어드는 인생을 살아오면서 나는 지금도 여전히 이런 길을 배우고 있다. 당신도 나와 함께 이 길에 동참할 것을 소망하며 기도하면서 이 책을 쓰고 있다.

우리는 다른 사람들과 다투는 게 아니라 자신의 불신앙과 싸워야 한다. 불신앙은 수많은 죄를 유발시키는 염려의 뿌리다. 와이퍼를 작동시키고 워셔액을 사용하자. 그리고 하나님의 소중하고 위대한 약속에 우리의 시선을 집중하자. 성경을 잡고, 성령님의 도우심을 구하며, 성경에 기록된 약속들을 당신의 마음에 쌓아 두라. 그런 후에 장래의 은혜에 대한 믿음으로 살아가기 위해 믿음의 선한 싸움을 싸우라.

여호와께서 이와 같이 말씀하시되
지혜로운 자는 그의 지혜를 자랑하지 말라
용사는 그의 용맹을 자랑하지 말라
부자는 그의 부함을 자랑하지 말라
자랑하는 자는 이것으로 자랑할지니
곧 명철하여 나를 아는 것과 나 여호와는 사랑과 정의와
공의를 땅에 행하는 자인 줄 깨닫는 것이라
나는 이 일을 기뻐하노라 여호와의 말씀이니라

예레미야 9장 23-24절

⚜

교만의 즐거움은 가려운 곳을 긁을 때 느끼는 즐거움과 같다.
가려운 곳이 있다면 누구나 그곳을 긁고 싶을 것이다.
하지만 더 좋은 것은 가려운 곳도 없고 긁지도 않는 것이다.
우리가 지나친 자기 존중, 즉 이기심이라는
가려운 부위를 가지고 있는 한 자신에 대한 무조건적 인정이라는
즐거움을 원할 수밖에 없다. 그러나 가장 행복한 순간은 우리가
각자의 소중한 자아들을 잊어버리고 그 대신 다른 존재들
(하나님, 다른 사람들, 동물들, 정원과 하늘)을 품게 되는 때다.

C. S. 루이스

⚜

그러므로 하나님의 능하신 손 아래에서 겸손하라
때가 되면 너희를 높이시리라

베드로전서 5장 6절

2장

교만에 맞서
싸우기

겸손이 있는 곳에 하나님도 계신다

겸손은 현대 사회에서 장려되는 덕목이 아니다. 겸손은 토크 쇼의 이야깃거리도 아니고 고별 연설에서도 좀체 들어볼 수 없으며 여러 세미나에서 다루는 주제로도 인기가 없고, 각 기업이 핵심으로 내세우는 가치도 아니다. 대형 쇼핑몰의 서점에 가서 자아 개발 분야를 둘러본다면, 겸손을 호의적으로 제시한 책들을 찾아보기 힘들 것이다.

왜 이런 일이 일어나는지 우리는 그리 어렵지 않게 찾을 수 있다. 오로지 하나님의 임재 앞에서만 겸손하게 살아갈 수 있기 때문이다. 하나님이 가시는 곳에 겸손도 함께 간다. 그림자처럼 하나님을 따라 다닌다고 해도 될 정도다. 하나님이 높임을 받으시는 만큼 겸손이라는 덕목도 함께 드높여지는 것을 볼 수 있다.

최근 지역 신문에서 어떤 기고자는 겸손을 질식시키는 현대 사회의 분위기를 그대로 보여주는 글을 실었다.

> 아직도 하나님에 대한 향수에 순진하게 매달려 있는 사람들이 있다. 평균적으로 교회 출석을 하는 사람이라면 일주일에 몇 시간을 들여 신성sacred을 경험하고 싶어한다.… 그러나 그 외의 나머지 시간에 우리는 하나님께서 사랑받으시고 예배받으시기에 합당한 전지전능한 분이라는 것을 더는 인정하지 않는 사회 속에 파묻혀 살아간다.… 오늘날 우리는 하나님을 찾지 않아도 될 정도로 정교하고 복잡해졌다. 우리는 혼자 힘으로 설 수 있다. 우리는 자신의 존재를 선택하고 정의할 준비가 되어 있다.[6]

이런 분위기에서 겸손은 살아남을 수 없다. 겸손은 하나님과 함께 잊혀지고 있다. 하나님께서 사람들에게 무시당하실 때, 그분을 대신해서 다른 신이 그 자리를 차지한다. 그것은 바로 인간이다. 그것은 겸손과 정반대의 개념으로 교만이라 불리는 거만한 영적 상태다. 우리가 숨쉬며 살아가는 현대 사회의 분위기는 겸손에 대해 철저히 적대적이다.

마음에서 우러나는 하나님을 향한 열망

이번 장의 요점은 교만한 영적 상태가 불신앙의 한 형태이며, 교만이라는 불신앙과 싸워 이기는 수단은 장래의 은혜에 대한 믿음이라는 것이다. 하나님을 신뢰하는 것과 교만은 상극이다. "욕심이 많은 자$^{an\ arrogant\ man}$는 다툼을 일으키나 여호와를 의지하는 자는 풍족하게 되느니라"(잠 28:25). 이것 때문에 스테판 차녹$^{Stephen\ Charnock}$은 다음과 같이 말했다. "교만한 믿음이란 말은 겸손한 사탄이라는 표현 못지않게 모순된다."[7] 믿음과 교만이 상극인 이유를 알려면 우선 믿음이 무엇인지 다시 한 번 되새겨볼 필요가 있다.

나는 『장래의 은혜』에서 예수님을 향한 성경적인 믿음의 중심은 하나님께서 그리스도 안에서 우리를 위해 준비하신 모든 것에 만족하기 위해 그리스도께 나아가는 것임을 논증했다.[8] 예수님은 요한복음 6장 35절에서 이렇게 말씀하셨다. "나는 생명의 떡이니 내게 오는 자는 결코 주리지 아니할 터이요 나를 믿는 자는 영원히 목마르지 아니하리라." 이 말씀을 통해 우리가 얻게 되는 진리는, 예수님을 믿는다는 것은 하나님께서 우리를 위해 '그분 안에서' 준비하신 모든 것들에 만족하기 위해 예수님께 나아간다는 것이다. 불신앙은 예수님이 아닌 다른 것으로부터 만족을 얻기 위해 그분을 등지고 떠나는 것이다.

믿음은 단순히 어떤 사실들에 대해 머릿속으로 동의하는 것이 아니다. 그것은 마음에서 우러나는 하나님을 향한 열망appetite이다. 예수님 안에서 만족하기 위해 더욱 그분께 견고히 붙어 있는 것이다. "내게 오는 자는 결코 주리지 아니할 터이요 나를 믿는 자는 영원히 목마르지 아니하리라." 그러므로 영원한 생명은 예수 그리스도가 단순히 하나님의 아들이라고 '생각'만 하는 자들에게는 주어지지 않는다. 영생은 하나님의 아들이신 예수님으로부터 영원한 생수를 '마시는' 자들에게 주어진다. "내가 주는 물을 마시는 자는 영원히 목마르지 아니하리니 내가 주는 물은 그 속에서 영생하도록 솟아나는 샘물이 되리라"(요 4:14). 그분은 또한 생명의 떡이시다. 생명의 떡을 먹는 자들은 그분으로 인해 살아가게 된다. "나는 하늘에서 내려온 살아 있는 떡이니 사람이 이 떡을 먹으면 영생하리라"(요 6:51). 생명의 떡을 먹고 생수를 마신다는 이러한 표현들은 믿음의 본질을 더욱 선명하게 밝혀준다. 그것은 물이나 음식 같은 것이 있다는 사실을 인정하는 것 이상이다. 예수님께서 생명을 주시는 물이며 음식이라는 사실을 믿는 것 이상이다. 믿음은 예수님께 나아가 생명의 떡을 먹고 생수를 마시는 것이다. 그러면 우리는 예수 그리스도 안에서 만족하는 우리의 마음을 발견하게 된다.

하나님에 대한 만족으로부터 자아에 대한 만족으로 돌아섬

우리는 이런 배경을 염두에 두고, 교만이 불신앙의 한 종류라는 점을 좀 더 선명하게 살펴볼 것이다. 불신앙은 다른 것들로부터 만족을 구하기 위해 하나님과 그분의 아들로부터 멀어지는 것을 말한다. 구체적으로 교만은 자아 속에서 만족을 얻기 위해 하나님으로부터 돌아서는 것이다. 따라서 교만은 불신앙의 구체적인 한 형태다. 교만에 대한 방어책은 장래의 은혜에 대한 믿음으로 깨어나 그 믿음을 강화하는 것이다.

5장에서는 탐욕이란 물질 속에서 만족을 얻기 위해 하나님으로부터 멀어지는 죄악임을 살펴볼 것이다. 8장에서는 정욕이란 성적인 만족을 구하기 위해 하나님으로부터 돌아서는 것임을 보게 될 것이다. 비통함은 복수에서 만족을 찾기 위해 하나님을 떠나는 것이다(6장). 성급함은 자신의 계획을 방해받지 않고 진행시키기 위해 하나님을 저버리는 태도다(4장). 근심, 그릇된 수치심 그리고 의기소침은 이러한 불신앙의 노력들이 실패했을 때 발생하는 여러 가지 마음의 상태들이다(1, 3, 7장).

그러나 이러한 모든 불신앙의 형태보다 더욱 심각하고 위험한 것은 교만이라는 불신앙이다. 다른 모든 악한 성향들의 배후에는 자기 스스로 결정하며 자기를 높이는 교만이 자리하고 있기 때문이다. 하나님으로부터 돌아서는 모든 존재들은 하나님으로부터 독립하려고 한다. 이것이 교만의 본질이다. 자기가 하나님보다 더 많이 안다고 생각하는 것이다. 교만은 하나님으로부터 돌아서려는 모든 죄악된 태도의 뿌리인 것이다. 교만은 하나님을 향하여 모든 불신의 행동을 일으킨다. 좀 더 정확히 말하면 교만은 불신앙의 본질인 동시에 원인이며, 이에 대한 치유책은 장래의 은혜에 대한 믿음밖에 없다. 교만을 물리치기 위한 싸움은 곧 불신앙에 대항하는 싸움이다. 겸손을 쟁취하려는 싸움은 장래의 은혜에 대한 믿음을 얻기 위한 싸움이다.

교만에 관련된 성경 구절들은 하나님을 불신하는 모습들에 따라 몇 가지로 구분된다. 이 본문들은 우리가 무엇 때문에 하나님을 신뢰하지 못하는지 잘 드러낸다. 구체적으로 말하자면, 각각의 본문들은 우리 안에 어떤 교만의 요소가 있는지 보여주는 것이다.

하나님의 주요 대적들

예레미야 9장 23절에서 하나님은 이렇게 말씀하신다. "지혜로운 자는 그의 지혜를 자랑하지 말라 용사는 그의 용맹을 자랑하지 말라 부자는 그의 부함을 자랑하지 말라." 하나님께서는 세 단락에서 인간의 마음에 자랑을 심어주는 세 가지 대적을 언급하신다. 지혜와 용맹과 부함은 우리로 하여금 자신 안에서 ― 즉 지식, 능력, 물질적 풍족함 속에서 ― 만족을 구하도록 유혹한다. 각각은 우리를 꾀어, 그 모든 것을 능가하는 완전한 만족을 주시는 하나님으로부터 돌아서게 한다. 우리의 모든 기쁨의 근원이 자신이 아닌 외부에 있음을 인정하는 것이 철저한 겸손의 자세다.

지식이 거만해질 때

지혜와 지식을 예로 들어보자. 사도 바울은 "지식은 교만하게 하며 사랑은 덕을 세우나니"(고전 8:1)라고 경고했다. 이 말은 그가 무지와 불합리를 좋아한다는 의미가 아니다. 그는 "형제들아 지혜에는 아이가 되지 말고 악에는 어린아이가 되라 지혜에는 장성한 사람이 되라"(고전 14:20)고 권면했다. 1936년에 사망한 영국의 가톨릭 신문 기자이며 작가였던 G. K. 체스터튼 G. K. Chesterton 은 20세기에 우리가 지적인 확신과 교만 사이의 관계를 명확하게 구분하고 있지 않음을 경고했다.

우리를 괴롭히는 것은 그릇된 자리에 있는 겸손이다. 겸손은 야망의 자리에서 옮겨 왔다. 겸손은 확신의 자리에 정착했다. 그곳은 결코 겸손에 어울리는 자리가 아니다. 인간은 자기 자신에 대해서는 확신을 품지 말고, 진리에 관해서는 의심하지 말아야 마땅하다. 하지만 어찌된 일인지 이것은 완전히 뒤바뀌고 말았다. 요즘 시대에 인간이 확신하는 것은 그가 절대 확신하지 말아야 하는 것, 바로 자기 자신이다. 반대로 그가 회의하고 의심하고 있는 것은 결코 의심하지 말아야 하는 것, 바로 하나님의 거룩한 진리 Divine Reason 다.[9]

바울은 분명한 확신과 참된 지식의 필요성에 대해 의문을 제기하지 않았다. 그럼에도 불구하고 그는 우리가 아는 지식이 우리를 하나님의 지식으로부터 유혹해 내어, 자기 자신을 자랑하도록 이끌어갈 수 있음을 날카롭게 지적했다.

지식이라는 기관을 통해서 우리는 하나님을 알고 이 세상이 하나님과 어떻게 관계하고 있는지 볼 수 있다. 주님을 알게 되었을 때 우리는 "이를 네게 알게 한 이는 혈육이 아니요 하늘에 계신 내 아버지시니라"(마 16:17)라고 하신 예수님의 말씀을 이해하게 되었다. 모든 참된 지식은 하나님께 의존하고 있다. "누가 그의 모사가 되었느냐 … 이는 만물이 주에게서 나오고 주로 말미암고 주에게로 돌아감이라"(롬 11:34, 36). 하나님은 우리에게 무언가를 알 수 있는 마음뿐만 아니라 그것을 어떻게 알게 되는지도 보여주신 것이다. 모든 지식의 근원이신 하나님 안에서 자랑할 때 우리는 마땅히 알아야 하는 길을 알게 된다.

우리의 미약하고 볼품없는 지식을 자랑하려고 해서는 안 된다. 사도 바울은 하나님께서 많은 지식을 가진 자를 택하지 않으셨다고 했다. 그는 이에 대한 이유를 이렇게 제시했다. "이는 아무 육체도 하나님 앞에서 자랑하지 못하게 하려 하심이라 … 자랑하는 자는 주 안에서 자랑하라"(고전 1:29, 31).

우리가 자신의 지혜를 자랑할 때 우리는 하나님으로부터 벗어나 자신을 신뢰하는 길로 들어서게 된다. 그럼으로써 우리가 가장 먼저 하나님의 무한하고 영원한 지혜에 만족하지 않고, 자신의 이차적이고 부수적인 지혜에 의존하는 모습이 드러나는 것이다. 그것은 장래의 은혜에 대한 믿음을 갖지 못한 불신앙적 태도다. 하나님께서 자기를 소망하는 자들의 유익을 위해 무한한 지혜로 온 우주를 경영해 나가시겠다는 약속을 믿지 못하는 것이다.

우리의 자원을 의지하지 말라

또한 우리는 자신의 능력을 자랑하기 쉬운 경향이 있다. 하나님께서 은혜로이 우리를 축복하실 때 우리는 더 많은 것을 획득하려고 애를 쓴다. 하나님으로부터 임하는 은혜보다 자신의 헛된 힘과 방책에 의지하고 거기에서 만족을 얻으려 한다. 이에 대한 적절한 경고가 신명기 8장 11-17절에 기록되어 있다.

> 내가 오늘 네게 명하는 여호와의 명령과 법도와 규례를 지키지 아니하고 네 하나님 여호와를 잊어버리지 않도록 삼갈지어다 네가 먹어서 배부르고 아름다운 집을 짓고 거주하게 되며 또 네 소와 양이 번성하며 네 은금이 증식되며 네 소유가 다 풍부하게 될 때에 네 마음이 교만하여 네 하나님 여호와를 잊어버릴까 염려하노라 여호와는 너를 애굽 땅 종 되었던 집에서 이끌어 내시고 너를 인도하여 그 광대하고 위험한 광야 곧 불뱀과 전갈이 있고 물이 없는 간조한 땅을 지나게 하셨으며 또 너를 위하여 단단한 반석에서 물을 내셨으며 네 조상들도 알지 못하던 만나를 광야에서 네게 먹이셨나니 이는 다 너를 낮

추시며 너를 시험하사 마침내 네게 복을 주려 하심이었느니라 그러나 네가 마음에 이르기를 내 능력과 내 손의 힘으로 내가 이 재물을 얻었다 말할 것이라.

이스라엘 사람들이 장래의 은혜에 대한 믿음으로 그들의 집을 짓고 소와 양을 돌보고 은금을 모았다면, 그들의 마음에 "내 능력과 내 손의 힘으로 내가 이 재물을 얻었다"는 생각은 들지 않았을 것이다. 우리가 장래의 은혜에 대한 믿음으로 살아갈 때, 우리는 주변에 있는 모든 삶의 자원들이 은혜의 산물이라는 것을 깨닫게 된다.

하나님은 그분의 영광을 교만한 자와 나누지 않으신다

앗수르 왕의 이야기는 인간의 지혜와 능력이 합해질 때 그 마음에서 나타나는 교만이 사람들을 하나님으로부터 돌이켜 자아로 향하게 한다는 사실을 잘 보여준다. 하나님께서는 앗수르 왕을 이스라엘 백성에 대한 그분의 거룩한 분노를 표출하기 위한 막대기로 삼으셨다(사 10:5).

그러나 그 왕은 하나님의 주권적인 능력과 인도하심을 기뻐하지 않고 자신의 공로를 내세우며 말했다. "그의 말에 나는 내 손의 힘과 내 지혜로 이 일을 행하였나니 나는 총명한 자라 열국의 경계선을 걷어치웠고 그들의 재물을 약탈하였으며 또 용감한 자처럼 위에 거주한 자들을 낮추었으며"(사 10:13). 그는 결코 지혜롭지 못했다. 하나님께서는 자신의 영광을 교만한 자들과 나누지 않으신다. 실제로 그분은 이렇게 약속하셨다. "그러므로 주께서 주의 일을 시온 산과 예루살렘에 다 행하신 후에 앗수르 왕의 완악한 마음의 열매와 높은 눈의 자랑을 벌하시리라"(사 10:12). 왕의 교만을 치유할 수 있는 방책은 이러한 경고를 믿고 자신을 의지하기보다는 하나님의 능력과 그분의 지혜 속에서 기쁨을 찾는 것이었다.

교만한 자가 소처럼 풀을 먹을 때

그로부터 얼마 가지 않아 바벨론의 왕이었던 느부갓네살도 교만에 빠져 자랑하다가 비천한 지경으로 떨어지는 사건이 발생했다. "이 큰 바벨론은 내가 능력과 권세로 건설하여 나의 도성으로 삼고 이것으로 내 위엄의 영광을 나타낸 것이 아니냐"(단 4:30). 하나님께서는 그러한 교만을 이유로 그를 비천하게 만드셨고 그로 하여금 소처럼 풀을 먹게 하셨다(단 4:33). 그런 징계는 그가 자신의 한계를 무한히 능가하시는 하나님의 주권적인 능력 안에서 기뻐할 때까지 계속되었다.

> 땅의 모든 사람들을 없는 것같이 여기시며 하늘의 군대에게든지 땅의 사람에게든지 그는 자기 뜻대로 행하시나니 그의 손을 금하든지 혹시 이르기를 네가 무엇을 하느냐고 할 자가 아무도 없도다 … 그러므로 지금 나 느부갓네살은 하늘의 왕을 찬양하며 칭송하며 경배하노니 그의 일이 다 진실하고 그의 행하심이 의로우시므로 교만하게 행하는 자를 그가 능히 낮추심이라(단 4:35, 37).

느부갓네살 왕의 교만에 대한 해결책은 단순히 머리로 인식하는 새로운 지식이 아니라 마음 깊은 곳에서 우러나오는 새로운 찬양이었다. 이러한 '찬양'과 '칭송'은 그의 믿음이 깨어났음을 보여주며, 하나님께서 전능하신 은혜로 계획을 세우시고 교만한 자를 낮추심으로 그의 왕국을 다스리심을 기뻐하는 것이다. 그는 하나님께서 공의와 은혜의 주권적인 자유함 속에서 무슨 일이든 자신이 기뻐하는 대로 행할 특권을 갖고 계신다는 사실에 깊이 만족했다.

왜 은혜가 선물이 아닌 것처럼 자랑하는가?

지혜와 능력과 더불어 인간을 교만하도록 유혹하는 가장 강력한 요소는 돈이다. 우리는 자신이 갖고 있지 않은 지식이나 권력이라는 자원들을 돈으로 구입할 수 있다. 따라서 부함은 자기만족을 나타내는 거대한 상징이다. 우리가 주식을 사고파는 일에 정통하고 또는 운이 좋아 복권에 당첨되면, 다른 기술이나 힘이 부족할지라도 충분히 만회가 된다. 자신의 욕망을 만족시키는 자원들을 우리 스스로 통제할 수 있다고 생각하기 때문이다. 하나님께서는 호세아 13장 6절에서 그로 인한 결과를 설명하셨다. "그들이 먹여준 대로 배가 불렀고 배가 부르니 그들의 마음이 교만하여 이로 말미암아 나를 잊었느니라." 교만은 우리의 만족이 어디에 있는가의 문제이다. "그들이 먹여준 대로 배가 불렀고." 달리 말하면 교만은 우리가 자신의 장래를 위해 무엇을 의지하는가에 관한 문제다. 그러므로 하나님께서는 예레미야 49장 4절에서 이스라엘의 교만을 드러내기 위해 다음과 같이 말씀하신다. "패역한 딸아 어찌하여 골짜기 곧 네 흐르는 골짜기를 자랑하느냐 네가 어찌하여 재물을 의뢰하여 말하기를 누가 내게 대적하여 오리요 하느냐."

이스라엘은 재물을 의뢰하여 침략해 오는 군대로부터 자신의 장래가 안전하다고 믿었다. 이스라엘의 믿음은 하나님이 베푸실 장래의 은혜에 있지 않았다. 그것이 문제였다. 이스라엘은 헛된 기쁨의 환상에 매혹되었다. 이스라엘이 하나님 대신 재물을 의지하면 스스로의 함정에 빠지게 될 것이다. 사도 바울이 그 당시에 살았다면, 고린도 사람들에게 그랬던 것처럼 그들을 책망했을 것이다. "누가 너를 남달리 구별하였느냐 네게 있는 것 중에 받지 아니한 것이 무엇이냐 네가 받았은즉 어찌하여 받지 아니한 것같이 자랑하느냐"(고전 4:7). 우리가 가진 모든 것은 하나님으로부터 받은 것이다. 재물을 우리에게 남겨두거나 또는 우리에게서 거두시는 것은 온전히 하나님의 손에 달려 있다.

이런 이유로 인해 성경은 쉬지 않고 우리에게 경고하는 것이다. "많은 군대로 구원 얻은 왕이 없으며 용사가 힘이 세어도 스스로 구원하지 못하는도다 구원하는 데에 군마는 헛되며 군대가 많다 하여도 능히 구하지 못하는도다"(시 33:16-17). 우리는 재물로 무기와 군인 그리고 말을 살 수 있다. 그러나 하나님께서 우리에게 구원과 승리를 허락하지 않으시면, 돈으로 구입한 그런 것들은 전쟁의 날에 아무 쓸모가 없게 될 것이다. 군대의 힘이 아닌 장래의 은혜가 왕이나 병사들―어느 누구를 막론하고―의 최종적인 소망이다. 그렇기 때문에 시편 33편에서는 우리가 의지할 대상이 따로 있다고 강조하는 것이다. "여호와는 그를 경외하는 자 곧 그의 인자하심을 바라는 자를 살피사…우리 영혼이 여호와를 바람이여 그는 우리의 도움과 방패시로다 우리 마음이 그를 즐거워함이여 우리가 그의 성호를 의지하였기 때문이로다"(시 33:18, 20-21). 우리가 가진 재물에서 눈길을 돌려 하나님을 굳게 의지하는 이 같은 신뢰가 장래의 은혜에 대한 믿음이다. 이것이 교만을 치유하는 치료제다.

최종적인 교만: 무신론

자기를 의지하게 하는 세 가지 범주—지혜, 힘, 부함—의 유혹들은 우리를 궁극적이고 최종적인 교만의 단계인 무신론으로 이끌어간다. 자기 기준에서 최상의 위치에 거하는 가장 안전한 방법은 자신 위에 있는 그 어떤 것도 인정하지 않고 거부하는 것이다. 이런 이유로 교만에 사로잡혀 있는 사람들은 다른 이들을 얕보는 것이다. "교만한 사람은 언제나 모든 사물들과 사람들을 경멸하고 낮추어본다. 우리가 아래를 보고 있는 동안, 위에 있는 것은 도저히 바라볼 수 없다."[10] 그러한 교만한 상태를 유지하기 위해 쓸 수 있는 가장 단순한 방법은 존경하거나 올려다볼 만한 상위의 존재가 없다고 선포하는 것이다. "악인은 그의 교만한 얼굴로 말하기를 여호와께서 이를 감찰하지 아니하신다 하며 그의 모든 사상에 하나님이 없다 하나이다"(시 10:4). 궁극적으로 교만한 자는 하나님이 없다고 자기 자신을 설득해야만 한다.

그가 이렇게 해야 하는 이유는 하나님의 실재가 삶의 모든 세밀한 영역 속으로 저항할 수 없게 밀고 들어오기 때문이다. 교만은 삶의 평범한 일들조차 운행하시는 하나님의 친밀하신 간섭을 견디지 못한다. 예를 들어 예수님의 형제인 야고보는 어느 도시에서 다른 도시로 옮기려는 단순한 계획 뒤에 숨어 있는 교만함을 이렇게 찾아내 보여준다.

> 들으라 너희 중에 말하기를 오늘이나 내일이나 우리가 어떤 도시에 가서 거기서 일 년을 머물며 장사하여 이익을 보리라 하는 자들아 내일 일을 너희가 알지 못하는도다 너희 생명이 무엇이냐 너희는 잠깐 보이다가 없어지는 안개니라 너희가 도리어 말하기를 주의 뜻이면 우리가 살기도 하고 이것이나 저것을 하리라 할 것이거늘 이제도 너희가 허탄한 자랑을 하니 그러한 자랑은 다 악한 것이라 그러므로 사람이 선을 행할 줄 알고도 행하지 아니하면 죄니라(약 4:13-17).

교만은 하나님의 주권을 좋아하지 않는다. 따라서 교만은 하나님의 존재도 좋아하지 않는다. 왜냐하면 하나님이 주권자이시기 때문이다. 그런 태도는 "하나님은 없다"는 말로 표현될 수도 있고, "크리스마스를 위해 애틀란타로 운전해 갈 거야"라는 평범한 말로도 나타난다. 야고보는 그렇게 확신하지 말라고 말한다. 그 대신에 "주께서 원하시면 우리가 살기도 하고, 애틀란타에 가서 크리스마스를 보내겠습니다"라고 말하라는 것이다. 야고보가 말하려는 요점은 우리가 애틀란타에 갈 것인지, 또는 이 면을 다 읽을 때까지 살아 있을 것인지조차 하나님께서 주관하신다는 것이다. "주의 뜻이면 우리가 살기도 하고…" 이런 태도는 교만한 사람의 입장에서는 극도로 불쾌한 것이다. 이 면을 끝까지 읽어나가는 것조차 마음대로 할 수 없다는 말인가!

야고보는 하나님께서 우리 장래의 세밀한 부분까지 좌우하실 주권을 갖고 계심을 믿지 않는 것이 거만함이라고 말한다. 이러한 거만함에 대항하여 싸울 방법은 삶의 모든 세밀한 영역에서 하나님의 주권을 인정하고, 우리를 위해 능력을 보여주시겠다는 그분의 확실한 약속을 의지하는 것이다(대하 16:9).

하나님께서는 매일 선하심과 인자하심으로 우리를 보살피시고(시 23:6), 자기를 앙망하는 자들을 위해 행동하시며(사 64:4), 그분의 영광을 위해 살아가는 데 필요한 모든 것을 공급하겠다고 약속하셨다(히 13:21). 다시 말하면 교만을 치유할 해결책은 장래의 은혜에 대한 흔들림 없는 믿음이라는 것이다.

교만의 또 다른 증거

교만이 장래의 은혜에 대한 믿음을 혐오하는 증거는 그것이 인간의 인정을 갈망하는 것으로 나타난다. C. S. 루이스는 이러한 갈망이 어떻게 작용하는지 설명했다.

> 교만의 즐거움은 가려운 곳을 긁을 때 느끼는 즐거움과 같다. 가려운 곳이 있다면 누구나 그곳을 긁고 싶을 것이다. 하지만 더 좋은 것은 가려운 곳도 없고 긁지도 않는 것이다. 우리가 지나친 자기 존중, 즉 이기심이라는 가려운 부위를 갖고 있는 한 우리는 자신에 대해 무조건적으로 인정받는 즐거움을 원할 수밖에 없다. 그러나 가장 행복한 순간은 우리가 각자의 소중한 자아들을 잊어버리고 그 대신 다른 존재들(하나님, 다른 사람들, 동물들, 정원과 하늘)을 품게 되는 때이다.[11]

자기 존중의 가려움증은 인정받고자 하는 시원함을 갈망한다. 우리가 자기 만족의 감정으로부터 즐거움을 얻는 한, 다른 사람들이 그러한 우리를 보아주고 박수갈채를 보내지 않는다면 우리는 만족스럽지 않을 것이다. 예수님께서도 그런 의미에서 서기관과 바리새인들을 향해 이렇게 말씀하셨다. "그들의 모든 행위를 사람에게 보이고자 하나니 곧 그 경문 띠를 넓게 하며 옷술을 길게 하고 잔치의 윗자리와 회당의 높은 자리와 시장에서 문안 받는 것과 사람에게 랍비라 칭함을 받는 것을 좋아하느니라"(마 23:5-7).

인간의 자기 만족 속에 있는 공허함

이것은 아이러니다. 자기 만족은 다른 사람들에게 인정받으려는 필요로부터 사람을 자유롭게 한다. 그것이 '만족스럽다, 충분하다'sufficient는 말이 아닌가. 그러나 교만한 사람의 자기 만족 속에는 분명히 공허함이 자리잡고 있다. 우리의 자아는 결코 그 자체로 만족스럽거나 자신만을 의존할 수 있도록 만들어지지 않았기 때문이다. 결코 스스로 충족될 수 없다. 우리는 스스로 존재하지 않으며 단지 하나님의 형상일 뿐이다. 우리는 그림자며 메아리이다. 그러므로 자신에게 있는 자원으로 만족을 누리고자 하는 영혼 안에는 언제나 공허함이 있기 마련이다.

다른 사람의 칭찬에 목말라 하는 그러한 공허한 갈망은 그의 교만이 실패했으며 장래의 은혜를 믿지 못하고 있음을 잘 보여준다. 예수님은 인간적인 영광을 갈망하는 이러한 가려움증의 끔찍한 결과를 이미 보셨다. 요한복음 5장 44절을 보자. "너희가 서로 영광을 취하고 유일하신 하나님께로부터 오는 영광은 구하지 아니하니 어찌 나를 믿을 수 있느냐." 이 질문에 대해 우리는 "믿을 수 없다"는 결론을 내릴 수밖에 없다. 이처럼 다른 사람들로부터 영광을 취하려는 증세는 믿음을 불가능하게 만든다.

　　왜 그런가? 믿음은 하나님께서 예수님 안에서 우리를 위해 행하신 모든 일들에서 만족을 얻기 때문이다. 우리가 다른 이들의 칭찬과 갈채로 만족을 얻으려 한다면, 아마 우리는 예수님으로부터 돌아서게 될 것이다. 그러나 우리가 자아를 만족의 근원으로 여기지 않고 거기에서 멀어져(회개), 하나님께서 예수님 안에서 우리를 위해 행하신 모든 일을 즐거워하기 위해 예수님께로 나아온다면(믿음), 다른 사람들에게서 만족을 구하는 마음은 사라지고 그 대신 영생하도록 솟아나는 샘물을 찾게 될 것이다(요 4:14).

나약한 교만, 그 아이러니

자기 만족적인 영혼 속에 있는 이 욕망의 아이러니는 교만이 원하는 바를 얻지 못하고 나약함 속에서 허우적댈 때 더욱 분명히 드러난다. 여기에는 확실한 통찰력이 요구된다. 나약한 교만은 쉽게 구별하기 힘들다. 그것은 둥근 사각형처럼 모순 어법으로 들리지만 그렇지 않다. 자랑과 자기 연민 사이의 관계를 생각해보자.

두 가지 모두 교만의 표현 방식이다. 자랑은 성공에 대한 교만의 반응이며, 자기 연민은 고통에 대한 교만의 반응이다. 자랑은 말한다. "나는 이렇게 많은 일들을 성취했기 때문에 칭찬을 받아 마땅하다." 자기 연민은 이렇게 말한다. "나는 그토록 많이 희생했기 때문에 당연히 칭찬을 받아야 한다." 자랑은 강한 사람의 마음에 있는 교만의 목소리다. 자기 연민은 약한 사람의 마음에 있는 교만의 목소리다. 이런 맥락에서 자랑은 자기 만족처럼 들린다. 자기 연민은 자기 헌신처럼 들린다.

자기 연민이 교만처럼 보이지 않는 이유는 그것이 가련하게 보이기 때문이다. 그러나 가련함은 상처받은 자아로부터 생겨

나며, 자기 연민은 다른 이들이 자신을 무기력한 사람이 아니라 영웅으로 봐주기를 바란다. 가련한 자기 연민은 무가치함이라는 느낌에서 비롯되는 것이 아니라 자신의 가치가 인정받지 못했다는 느낌에서 나온다. 즉 칭찬받지 못한 교만이 그렇게 반응하는 것이다.[12]

교만이 그리 강력하지 못하면 장래에 대해 걱정하기 시작한다. 교만한 사람의 마음속에서 장래에 대한 근심은 과거에 대한 자기 연민과도 같다. 과거에 일이 잘 풀리지 않았다면 앞으로는 더 나아질 것이라는 생각을 갖게 한다. 하지만 우리가 과거에 자신의 일들을 제대로 해결하지 못했다면 미래에도 역시 그러한 능력을 갖추지는 못할 것이다. 이러한 가능성은 교만한 자를 겸손하게 만들기보다는 오히려 근심하게 한다.

근심으로 위장된 교만

여기에 또 다른 아이러니가 있다. 근심은 교만처럼 보이지 않는다. 그것은 나약해 보인다. 그것은 마치 당신이 장래를 통제하지 못하는 것을 인정하는 것처럼 보이게 한다. 그런 의미에서는 교만한 것 같지 않아 보인다. 하지만 그가 장래의 일을 통제할 수 있는 존재를 바라보고 그 안에서 쉬려고 애쓰기 전까지는, 그렇게 인정한다 해서 교만을 없애는 것은 아니다. 그때까지, 교만한 사람은 자기 만족의 권리에 집요하게 매달리며, 심지어는 그것이 장래의 어느 시점에서는 허망하게 사라지는 것이 분명한데도 거기에 집착한다.

이를 뒷받침하는 성경의 놀라운 증거들을 두 군데에서 찾아볼 수 있다.

첫째는 이사야 51장 12-13절이다. 여기에서 하나님은 이스라엘이 느끼는 두려움 가운데 있는 그들의 교만을 드러내심으로써 그들을 책망하신다. "이르시되 너희를 위로하는 자는 나 곧 나이니라 너는 어떠한 자이기에 죽을 사람을 두려워하며 풀같이 될 사람의 아들을 두려워하느냐 하늘을 펴고 땅의 기초를 정하고 너를 지은 자 여호와를 어찌하여 잊어버렸느냐…" 이를 달리 말하면 다음과 같다. "아무것도 아닌 사람을 두려워하는 너는 누구냐? 너는 사람을 두려워하고 있으면서도 대단한 존재라고 생각하는 모양이로구나!" 뜻은 분명하다. 사람에 대한 너의 두려움은 교만의 한 형태라는 것이다.

어찌하여 장래에 대한 근심이 교만의 한 형태가 되는가? 하나님께서 답하신다. "너를 위로하는 자는 나 곧 너의 창조주 나 하나님이다. 내가 너를 보살피겠다고 약속했다. 너를 위협하는 자들은 죽을 인생들이다. 너의 두려움은 네가 나를 의지하지 않는다는 것을 드러낸다. 설령 네가 네 힘으로 자신을 지키지 못하리라는 것을 확실히 깨달았다 해도, 너는 장래의 은혜에 대한 믿음이 아닌 아무 힘도 없고 너를 지켜 줄 수 없는 자기를 신뢰하기로 선택했구나. 너의 그러한 두려움은 교만을 드러낼 뿐이다."

이에 대한 치유책은 무엇인가? 자기 신뢰에서 하나님 신뢰로 돌아서고 장래의 은혜에 깃든 풍성하고 충분한 능력을 믿는 것이다.

근심이 교만의 또 다른 형태임을 보여주는 사례는 베드로전서 5장 6-7절에 기록되어 있다. "그러므로 하나님의 능하신 손 아래에서 겸손하라 때가 되면 너희를 높이시리라 너희 염려를 다 주께 맡기라 이는 그가 너희를 돌보심이라." 6절과 7절 사이의 문법적인 관계를 눈여겨보라. "하나님의 능하신 손 아래에서 겸손하라…너희 염려를 다 주께 맡기라." 7절은 새로운 문장이 아니라 종속절이다. "겸손하라…너희 염려를 다 주께 맡기라." 이 말은 염려를 주께 맡기는 것이 하나님의 능하신 손 아래서 겸손하게 되는 길이라는 의미다. 마치 이렇게 말하는 것과 같다. "얌전히 먹어라…입을 다물고 음식을 씹어라." "조심해서 운전해라…눈은 항상 뜨고 있어라." "인정을 베풀어라…추수감사절에 다른 사람들을 집에 초대해라."

베드로전서의 말씀도 이와 유사한 방식으로 기록되었다. "겸손하라…너희 염려를 다 주께 맡기라." 하나님 앞에서 겸손할 수 있는 한 가지 방법은 염려를 주님께 맡기는 것이다. 교만은 염려를 하나님께 맡겨버리는 것을 방해하는 장애물이다. 과도한 걱정은 교만의 한 형태라는 의미다.

그렇다면 염려를 하나님께 맡기는 것이 교만과 반대되는 이유는 무엇인가? 교만은 자신이 근심을 갖고 있다는 사실을 인정하기 싫어하기 때문이다. 교만이 그 사실을 인정한다 해도, 교만은 여전히 자신보다 더 지혜롭고 능력 있는 존재를 의지하는 것이 치유책이라는 사실을 인정하려 들지 않는다. 달리 말하면 교만은 불신앙의 한 형태이며 장래의 은혜를 의지하는 것을 싫어한다.

믿음은 도움의 필요성을 인정한다. 그러나 교만은 절대 인정하지 않으려 한다. 믿음은 근심을 하나님께 던져버린다. 그렇지만 교만은 그렇게 하지 않는다. 그러므로 교만의 불신앙과 싸워 이기는 길은 당신이 근심을 갖고 있음을 거리낌없이 인정하고, "그가 너를 돌보시리라"는 말씀 안에서 장래의 은혜에 대한 약속을 소중히 간직하는 것이다.

예레미야를 통해 주신 하나님의 권면을 간단히 살펴보고 이번 장을 마치고자 한다. 서두에서 우리는 예레미야의 말씀을 들었다. "지혜로운 자는 그의 지혜를 자랑하지 말라 용사는 그의 용맹을 자랑하지 말라 부자는 그의 부함을 자랑하지 말라." 이제 그 말씀에 이어지는 선지자의 말에 귀를 기울여 보자. "자랑하는 자는 이것으로 자랑할지니 곧 명철하여 나를 아는 것과 나 여호와는 사랑과 정의와 공의를 땅에 행하는 자인 줄 깨닫는 것이라 나는 이 일을 기뻐하노라 여호와의 말씀이니라"(렘 9:23-24). 이 말씀은 교만과 싸워 이길 수 있는 최선의 방법이 무엇인지에 대해 변하지 않는 성경적인 해답을 들려준다. 우리가 하나님을 알고 있으며, 그분 역시 우리를 알고 계신다는 사실에 기뻐하고 만족하라.

나는 1988년 12월 6일의 일기에 다음과 같이 기록해놓았다. 이 글은 나의 궁핍함과 필요에 대한 고백이며 예레미야의 권면에 대한 나의 응답이기도 하다.

하나님 안에서 기쁨을 누리는 일에 모든 관심을 집중하는 것이 나의 기쁨을 더욱 증진시키는 가장 효과적인 방법이 아닌가? 그 과정에서 자기 부인과 육체의 고난은 필수적이지만, 자기 부인을 위해 그렇게 순종하는 일이 얼마나 쉬운 일인가! 하나님으로 인해 변화되는 기쁨을 누리기 위해 나의 모든 재능과 가진 것들을 속박하지 않으면, 서서히 변화되는 모습 속에서 홀로 기쁨을 독차지하려는 교활한 동기가 어떻게 제거되겠는가!

기독교 희락주의[13]가 최종적인 해결책이다. 그것은 자아에 대한 죽음보다 더욱 깊다. 진정으로 자유하게 하는 기적의 물이 흐르는 시내를 찾으려면 육체의 죽음보다 더 깊이 내려가야 한다. 그 물로 인해 우리는 하나님의 영광을 맛보게 되며 감당치 못할 기쁨과 즐거움을 경험할 것이다. 그처럼 말이 필요 없고 충분히 만족스러운 기쁨과 감탄 속에서 자아는 사라진다.

하나님께서 예수님 안에서 우리를 위해 행하신 모든 일에 대해 '충분히 만족스러운 기쁨과 감탄'으로 돌려드리는 것이 내가 장래의 은혜를 믿는다고 할 때 의미하는 바다.

이로 말미암아 내가 또 이 고난을 받되
부끄러워하지 아니함은
내가 믿는 자를 내가 알고
또한 내가 의탁한 것을
그날까지 그가 능히 지키실 줄을 확신함이라
디모데후서 1장 12절

누구든지 그를 믿는 자는
부끄러움을 당하지 아니하리라
로마서 10장 11절

3장

그릇된 수치심에
맞서 싸우기

수치심은 감정적 역기능에 대한 주 원인으로 널리 알려져 있으며, 그 뿌리는 인간의 실존 속에 깊이 박혀 있고 그로 인한 고통은 실재적이다. 그리스도께서 우리를 부르신 대로 자유롭고 온전하게 사랑하면서 거룩한 삶을 살아가려면, 수치심이 어떤 위치를 차지하고 있으며 그 영향력에 어떻게 대처해야 하는지 반드시 알아야 한다.

  수치심은 "죄책감이나 결점 또는 부적절함을 인식하게 되면서 생겨나는 고통스러운 감정"으로 정의할 수 있다.[14] 고통은 단순히 자신의 실패로만 야기되지는 않고 다른 사람들이 그런 잘못을 알고 있다는 인식 때문에 생겨난다. 이러한 원인들을 자세히 살펴보자.

수치심의 세 가지 원인

첫째, 죄책감을 수치심의 원인으로 생각할 수 있다. 당신이 양심을 거슬러 세금 신고를 제대로 하지 않았다고 가정해보자. 당신은 그 사실을 잊고 있었고, 게다가 들키지 않았기 때문에 몇 년 동안 아무 느낌 없이 지내왔다. 그러다가 갑자기 국세청에 불려가 세무 조사를 받은 후 탈세 사실이 백일하에 드러났다고 해보자. 교회와 종업원들, 친구들도 그 사실을 알게 된다. 이제 당신은 공개적으로 비난 받으며 고통스럽게 수치심을 느낀다.

다음으로, 결점도 수치심의 원인이 된다. 당신이 3천 미터 달리기 선수로 올림픽에 참가했다고 해보자. 당신은 국가대표로 선출될 만큼 다른 사람들에 비해 달리기를 상당히 잘한다. 이제 올림픽 경기에 참가해서 엄청나게 많은 관중이 바라보는 가운데 다른 나라 선수들과 경기를 해야 한다. 워낙 뛰어난 선수들이 함께 뛰어서인지, 마지막에는 다른 선수들과 거의 한 바퀴 정도로 차이가 났다. 하지만 모든 관중이 보는 앞에서 끝까지 뛰어야 한다. 이것은 죄책감이 아니다. 당신이 잘못한 일은 하나도 없다. 그러나 이런 결과를 대하는 당신의 마음가짐에 따라 수치심과 부끄러움이 치밀어 오를 수 있다.

부적절함 역시 수치심의 원인이 될 수 있다. 어떤 파티에 초대를 받아 갔는데, 유일하게 당신 혼자 파티의 성격과는 어울리지 않는 옷을 입고 왔다고 가정해보자. 여기에도 어떤 잘못이나 그릇되게 행동한 것은 없다. 그러나 이런 그런 실수나 부적절함으로 당신은 당황하고 스스로를 어리석게 느낄 수 있다. 이것 역시 수치심의 일종이다.

아마 당신은 이러한 수치심의 개념을 생각해보면서 어떤 수치심은 그럴싸하지만, 그렇지 못한 것도 있다고 생각했을 것이다. 우리가 정말로 수치스러워해야 하는 상황들도 종종 있다. 그러나 우리의 수치심이 온당치 못한 경우도 많다. 거짓말을 일삼는 자들은 부끄러운 줄 알아야 한다고 많은 사람들은 말한다. 대다수 사람들은 끝까지 최선을 다한 장거리 육상 선수는 부끄러움을 느낄 필요가 없다고 할 것이다. 실망과 낙담은 건전한 것이지 결코 수치스러운 감정이 아니다.

수치심의 두 종류

나는 성경을 바탕으로 이 수치심을 두 가지로 구분해 설명하고자 한다. 성경은 우리가 반드시 수치스럽게 생각할 것과 결코 수치스러워하지 말아야 하는 것에 대해 분명하게 말씀한다. 하나는 '그릇된 수치심'이고, 다른 하나는 '정당한 수치심'이다. 모든 문제가 그렇듯, 가장 중요한 것은 하나님께서 각각을 어떻게 보시는가에 있다.

그릇된 수치심

그릇된 수치심 misplaced shame 은 수치심을 느낄 만한 합당한 이유가 없는 상황에서 느끼는 수치심이다. 성경적으로 그것은 우리가 부끄럽게 여기는 사실이 하나님의 이름을 욕되게 하지 않는다는 것을 의미한다. 또는 그것이 하나님께 불명예가 된다 해도, 우리는 그것과 관련이 없다는 것을 나타낸다. 달리 표현하자면 그릇된 수치심은 무언가 좋은 것 — 하나님의 이름을 욕되게 하지 않는—에 대한 수치심이다. 또는 무언가 나쁜 것에 대해 느끼는 수치심이더라도, 우리가 그로 인한 죄악에 연루되어 있지 않는 것을 말한다. 우리는 이런 수치심을 갖지 않아도 된다.

정당한 수치심

정당한 수치심(우리가 가져야 할 종류의 수치심)은 그것을 느낄 만한 바람직한 이유가 있을 때에 느끼는 수치심이다. 성경적으로 볼 때 그것은 우리가 하나님의 이름을 욕되게 하는 일에 연루되었기 때문에 느끼는 부끄러움을 의미한다. 자신의 태도나 행동으로 인해 하나님의 이름을 욕되게 될 때 우리는 수치심을 느껴야 마땅하다.

그릇된 수치심과 정당한 수치심 사이를 구분 지을 때 가장 중요한 기준은 하나님이다. 나는 이 점을 분명히 알리고 싶다. 우리가 하나님을 영화롭게 하느냐 또는 그분의 이름을 욕되게 하느냐 하는 문제는 참으로 중요하다. 우리가 수치심을 근본적으로 근절하려면, 먼저 그것이 어떻게 하나님과 관련되어 있는지 알아야 한다. 또한 근본적인 영역에서 수치심에 대항할 필요가 있다. 즉 모든 수치심과 싸워야 한다. 수치심의 근본 영역을 다루는 방법을 제대로 모른다면, 그릇된 수치심과 정당한 수치심은 둘 다 우리를 무능력하게 만들 것이다.

그릇된 수치심과 정당한 수치심을 설명하는 성경 본문을 살펴보면 이 싸움이 훨씬 수월해질 것이다. 일반적으로 통용되는 개념과 성경이 말하는 수치심은 서로 다르다는 사실을 알게 될 것이다.

성경적인 사례

바울은 디모데에게 복음 전하는 것을 부끄러워하지 말라고 했다. "그러므로 너는 내가 우리 주를 증언함과 또는 주를 위하여 갇힌 자 된 나를 부끄러워하지 말고 오직 하나님의 능력을 따라 복음과 함께 고난을 받으라"(딤후 1:8). 우리는 복음 때문에 수치심을 느끼지 말아야 한다. 우리가 그분을 올바로 전할 때 그리스도께서 영광을 받으신다. 반면 우리가 겁에 질려 침묵한다면 주님은 모욕을 당하신다. 그러므로 복음을 전하는 것이 수치스러운 일이 아니라 오히려 복음을 전하지 않고 입을 다물고 있는 것이 부끄러운 일이다. 이 본문은 우리 친구가 예수님 때문에 옥에 갇힌 것을 부끄러워한다면, 우리는 마땅히 수치스러워해야 함을 말해준다. 세상은 그리스도를 위해 옥에 갇히는 것을 나약함과 패배의 표시로 이해한다.

하지만 그리스도인들은 거기에 머무르지 않는다. 옥에 갇힐 수도 있는 상황에서도, 자기 백성들이 용기를 내어 정의롭고 충성스럽게 행할 때 하나님은 영광을 받으신다. 우리가 하는 일이 하나님을 영화롭게 하는 것이라면 우리는 결코 수치심을 느끼지 말아야 한다. 세상이 아무리 조롱해도 부끄러워할 필요가 없다.

"누구든지 이 음란하고 죄 많은 세대에서 나와 내 말을 부끄러워하면 인자도 아버지의 영광으로 거룩한 천사들과 함께 올 때에 그 사람을 부끄러워하리라"(막 8:38). 예수님과 그분의 말씀 때문에 부끄러워한다면 이것은 수치스러운 일이다. 예를 들어 예수님께서 "네 원수를 사랑하라"고 말씀하셨을 때, 세상 사람들은 코웃음을 치고 비현실적이라고 하더라도 우리는 주님의 말씀을 부끄러워해서는 안 된다. 예수님께서 "간음하지 말라"고 말하실 때, 성적으로 문란한 사람들은 그 명령을 시대에 뒤떨어진 것으로 취급하겠지만, 우리는 그러한 엄격한 주장을 부끄러워해서는 안 된다. 세상이 우리에게 아무리 어리석다 해도 변하는 것은 아무것도 없다.

그리스도인답게 살기 위해 고통을 당하고 비난받으며 조롱거리가 되는 것 때문에 수치심을 느끼거나 부끄러워해서는 안 된다. 그렇게 살아가는 일은 하나님을 영화롭게 하기 때문이다. "만일 그리스도인으로 고난을 받으면 부끄러워하지 말고 도리어 그 이름으로 하나님께 영광을 돌리라"(벧전 4:16).

다른 말로 하면 성경에서 그릇된 수치심과 정당한 수치심을 나누는 기준은 우리가 사람들에게 어떻게 보이는가에 있지 않고, 우리가 실제로 하나님께 영광을 돌리고 있는가에 있다.

선명한 기준, "하나님께 불명예가 되는가?"

이 문제는 상당히 중요하다. 우리가 수치스러워 하는 것들 중에는 하나님께 불명예가 되지 않는 것이 상당히 많기 때문이다. 그것은 단지 다른 사람들에게 주목받지 못할 뿐인 것이 많다. 우리가 느끼는 수치심 가운데 많은 것이 하나님 중심이 아니라 자아 중심적이다. 이 문제를 잘 다룬다면 수치심의 문제를 근본적으로 대처하여 발본색원할 수 있다.

"내가 복음을 부끄러워하지 아니하노니 이 복음은 모든 믿는 자에게 구원을 주시는 하나님의 능력이 됨이라"(롬 1:16). 복음은 모든 믿는 자에게 구원을 주시는 하나님의 능력이다. 복음은 하나님을 영화롭게 드러내고 인간을 겸손하게 만든다. 세상 사람들 눈에는 복음이 결코 능력으로 다가오지 않는다. 그들 눈에는 오히려 복음은 허약해 보인다. 사람들에게 자기 힘으로 굳게 서라고 하지 않고 오직 예수님께만 의지하라고 말씀하기 때문이다. 그러나 믿는 자들에게 복음은 죄인들에게 영원한 영광을 부여하시기 위한 하나님의 능력이다. 하나님의 평가가 사람들의 것보다 비할 수 없이 중요하다는 사실을 깊이 인정한다면, 우리는 복음으로 나타난 하나님의 능력을 부끄러워하지 않을 것이다.

우리가 주님의 능력을 부끄러워하려는 유혹을 받는 이유 가운데 하나는, 그분이 자신의 능력을 세상이 결코 강하다고 인정하지 않는 방식으로 드러내셨기 때문이다. 예수님은 고린도후서 12장 9절에서 바울에게 이렇게 말씀하셨다. "내 은혜가 네게 족하도다 이는 내 능력이 약한 데서 온전하여짐이라." 바울은 이러한 이상한 논리에 다음과 같이 반응했다. "그러므로 도리어 크게 기뻐함으로 나의 여러 약한 것들에 대하여 자랑하리니 이는 그리스도의 능력이 내게 머물게 하려 함이라 그러므로 내가 그리스도를 위하여 약한 것들과 능욕과 궁핍과 박해와 곤고를 기뻐하노니 이는 내가 약한 그때에 강함이라"(고후 12:9-10). 일반적으로 약함과 고통은 수치심을 유발시킨다고 생각한다. 그러나 바울은 이로 인해서 기뻐했다. 그리스도의 능력이 바울의 약함 속에서 완전해졌기 때문이다.

이것을 분별하는 성경적인 기준은 절대적으로 하나님의 명예와 관련되어 있다. 하나님을 영화롭게 하는 일이라면 결코 수치스러워하지 말라. 믿지 않는 자들이 당신을 약하고 어리석은 존재로 볼지라도 절대 부끄러워하지 말라.

정당한 수치심에 대한 성경적인 사례

바울은 부활을 의심하는 고린도 교인들에게 이렇게 말했

다. "깨어 의를 행하고 죄를 짓지 말라 하나님을 알지 못하는 자가 있기로 내가 너희를 부끄럽게 하기 위하여 말하노라"(고전 15:34). 바울은 그들이 부끄러워해야 한다고 말한다. 그들이 하나님에 대한 자신의 무지를 깨닫고 그러한 무지가 자신들을 얼마나 그릇된 교리와 죄악으로 이끌어갔는지 알게 되었다면, 그들은 마땅히 부끄러워해야 한다. 달리 말하자면 정당한 수치심은 하나님을 영화롭게 하지 않고 그분의 이름을 욕되게 하는 것을 부끄러워하는 것이다. 예를 들면 하나님에 대한 무지, 하나님을 대항하는 죄악, 하나님에 대한 그릇된 믿음 등을 발견하게 되었을 때 우리는 부끄러워해야 한다.

고린도 교회에는 그들 사이에서 발생한 논쟁을 해결하려고 세상 법정에까지 가는 이들도 있었다. 바울은 그들을 꾸짖는다. "내가 너희를 부끄럽게 하려 하여 이 말을 하노니 너희 가운데 그 형제간의 일을 판단할 만한 지혜 있는 자가 이같이 하나도 없느냐"(고전 6:5). 또 다시 바울은 그들이 부끄러워해야 한다고 말한다. 이때의 부끄러움 역시 정당한 것이다. 그들의 행동이 하나님의 이름을 욕되게 했기 때문이다. 하나님을 영화롭게 해드리지 못했을 때 우리는 이처럼 '정당한' 부끄러움을 느낀다.

이들은 자기들이 강한 것과 옳다는 것을 증명하려고 골몰한다. 그들은 사람들에게 인정받고 싶고, 법정에서 승리하고 싶어한다. 그들은 누군가 자기를 앞질러 가는 것을 못봐준다. 그렇게 되면 자신이 매우 약해 보이기 때문이다. 따라서 세상 사람들에게 잘 보이려다 하나님께서 수치스럽게 여기시는 행동을 하게 된다.

우리가 하나님을 영화롭게 하지 않는다면 부끄러움을 느껴야 마땅하다. 아무리 세상 사람들 눈에 우리가 강하고 현명하고 그럴듯하게 보여도 수치심을 느껴야 마땅하다. 그리스도인이 지나간 자신의 행동 속에서 하나님의 이름을 욕되게 했던 죄악을 깨닫게 된다면, 그는 정당하게 수치심을 느끼는 것이다. 바울은 로마 교회에 이런 글을 썼다. "너희가 죄의 종이 되었을 때에는 의에 대하여 자유로웠느니라 너희가 그 때에 무슨 열매를 얻었느냐 이제는 너희가 그 일을 부끄러워하나니 이는 그 마지막이 사망임이라"(롬 6:20-21).

그렇지만 우리는 그런 수치심에 무기력하게 머물러 있을 필요는 없다. 민감한 그리스도인이라면 어린 시절에 범한 어리석음들을 회상하지 않는다. 그것들을 주님과 더불어 해결했기 때문이다.

정당한 수치심은 상당히 건전하며 유익하다. 바울은 데살로니가 사람들에게 말했다. "누가 이 편지에 한 우리 말을 순종하지 아니하거든 그 사람을 지목하여 사귀지 말고 그로 하여금 부끄럽게 하라"(살후 3:14). 성도가 영적 침체로부터 돌아서고 회개하려면 이런 정당한 수치심이 있어야 한다. 수치심은 반드시 피해야 하는 것만은 아니다. 자기 백성들을 다루시는 하나님의 선하심 안에는 이러한 과정도 포함된다.

지금까지 살펴본 내용을 토대로 볼 때 그릇된 수치심과 정당한 수치심을 나누는 성경적인 기준은 그것이 과연 하나님을 중심으로 하는가에 있다. 하나님을 영화롭게 하는 일에는 부끄러움을 느끼지 말라. 세상 사람들이 아무리 나약하고 어리석으며 못마땅하게 보더라도 수치스러워하지 말라. 그러나 하나님의 이름을 욕되게 하는 일이라면 부끄럽게 여겨라. 세상 사람들이 아무리 지혜롭고 옳게 보더라도 그것을 수치스럽게 여겨라.

그릇된 수치심을 대적하라

 이제 장래의 은혜에 대한 믿음으로 살아가는 것과 관련된 중요한 질문들이 제기된다. 수치심이라 불리는 이 고통스러운 감정을 어떻게 극복할 것인가? 우리는 그것을 근본부터 대적해야 한다. 수치심에 활력을 불어넣는 불신앙을 대적해야 한다는 말이다. 우리는 수치심을 극복하며 우리를 수치심의 고통으로부터 건져내시는 하나님의 약속에 대한 믿음을 위해 싸워야 한다. 이제부터 그러한 싸움의 세 가지 경우를 설명하고자 한다.

용서받은 창기를 위한 장래의 은혜

 정당한 수치심의 경우에도 고통은 뒤따르지만, 언제까지나 고통스러운 것은 아니다. 계속해서 고통스럽다면 그것은 하나님의 약속에 대한 믿음이 부족하기 때문이다. 예를 들어 한 바리새인의 집에서 어떤 여자가 울며 자신의 눈물로 예수님의 발을 적셨다. 시몬이 다른 사람에게, 이 여자는 죄인이며 예수님은 그 여자가 자신을 만지도록 내버려둬서는 안 된다는 눈빛을 보낼 때, 그녀는 틀림없이 수치심을 느꼈을 것이다. 그렇지 않았겠는가? 하지만 그런 수치심은 오래 가지 않는다. 예수님은 이렇게 말씀하셨다. "네 죄사함을 받았느니라"(눅 7:48). 또한 함께 앉아 있는 자들이 속으로 수군거리자 예수님은 "네 믿음이 너를 구원하였으니 평안히 가라"(눅 7:50)고 하심으로 그녀의 믿음을 도우셨다.

그 여인이 수치심을 이길 수 있도록 예수님은 어떻게 도우셨는가? 예수님은 그녀에게 약속을 주셨다. "너의 죄는 용서되었다! 네 믿음이 너를 구원했다. 네 장래는 평안하게 될 것이다." 그분은 과거를 용서하심으로써 바로 지금 장래의 평안을 주시겠다고 선포하셨다. 여인은 예수님의 용서와 자유케 하시는 말씀에 그 권위를 둔 장래의 은혜를 믿어야 했다. 그녀는 주변의 많은 비난의 눈초리를 더 염두에 두었을까? 아니면 예수님의 격려하시는 말씀―이제 그녀가 장래의 은혜 속에서, 평안과 온전함과 자유함 가운데 살아갈 것이라는 사실―을 더욱 세게 부여잡았을까? 그녀가 신뢰한 사람은 누구일까? 그녀의 영혼은 어떤 이의 말로 만족할 수 있었을까?

오랫동안 머물면서 우리를 무기력하게 하는 수치심에 대항하는 길은 여기에 있다. 하나님은 우리의 수치스러운 행위들을 용서하시며 우리에게 장래의 은혜와 평강의 약속들을 허락하신다. 우리는 이로써 불신앙과 싸워야 한다. "그러나 사유하심이 주께 있음은 주를 경외하게 하심이니이다"(시 130:4). "너희는 여호와를 만날 만한 때에 찾으라 가까이 계실 때에 그를 부르라 악인은 그의 길을, 불의한 자는 그의 생각을 버리고 여호와께로 돌아오라 그리하면 그가 긍휼히 여기시리라 우리 하나님께로 돌아오라 그가 너그럽게 용서하시리라"(사 55:6-7). "만일 우리가 우리 죄를 자백하면 그는 미쁘시고 의로우사 우리 죄를 사하시며 우리를 모든 불의에서 깨끗하게 하실 것이요"(요일 1:9). "그에 대하여 모든 선지자도 증언하되 그를 믿는 사람들이 다 그의 이름을 힘입어 죄 사함을 받는다 하였느니라"(행 10:43).

하나님의 용서라는 행위가 전적으로 과거에 다 이루어진 일인지, 그렇지 않으면 장래에 새로운 용서가 주어지는지는[15] 그리 중요하지 않다. 우리를 장래의 수치로부터 자유케 하시는 하나님의 능력에 대해 어떻게 생각하는지가 중요하다. 용서에는 장래의 은혜가 가득하다. 우리가 장래의 은혜에 대한 믿음으로 살아갈 때, 지속적이고 무기력하게 하는 수치심의 영향에서 벗어날 수 있다.

내가 믿는 자를 내가 알기에 부끄러워하지 않는다

우리는 그릇된 수치심을 피해야 한다. 바울이 이 싸움을 어떻게 감당했는지, 디모데후서 1장 12절을 보자. "이로 말미암아 내가 또 이 고난을 받되 부끄러워하지 아니함은 내가 믿는 자를 내가 알고 또한 내가 의탁한 것을 그날까지 그가 능히 지키실 줄을 확신함이라."

바울은 그릇된 수치심과의 싸움은 곧 불신앙과의 싸움이라는 점을 분명하게 밝히고 있다. "내가 또 이 고난을 받되 부끄러워하지 아니함은 내가 믿는 자를 내가 알고." 그는 또한 주님의 지키시는 능력을 믿었다. 우리는 하나님께서 베푸실 장래의 은혜에 대한 믿음으로, 그리스도와 복음을 부끄러워하지 아니하고 그리스도인답게 살아가기 위해 분투해야 한다.

당신은 복음이 구원을 주시는 하나님의 능력이라고 진실

로 믿는가? 그리스도의 능력이 우리의 약함 속에서 완전해짐을 정말 믿는가? 주와 복음으로 인해 비웃음당하는 그 자리에 끝없는 영광이 기다린다는 사실을 진심으로 믿는가? 영광의 날을 맞이하도록 그분이 틀림없이 지켜주실 것을 믿는가? 장래의 은혜를 믿으며 살아가기 위해서는 이렇듯 그릇된 수치심과의 싸움이 필요하다.

우리가 떠맡을 필요가 없는 수치심으로부터 자유함

마지막으로, 하나님을 욕되게 하는 일에 가담하지 않았는데도 다른 사람들이 우리에게 어떤 악한 상황에 대해 수치심을 갖게 할 때, 우리는 거기에 대항해서 싸워야 한다. 이러한 경우는 흔하다. 사람들의 감정적인 장애에 대해 심리학은 그들이 "수치심을 많이 갖게 한 가정"에서 성장했다고 진단하는 것이 보통이다. 이러한 주장에는 몇 가지 상세하고 복잡한 의미가 내포되어 있긴 하지만, 나는 그런 주장에 찬성하지 않는다. 하지만 내가 지금껏 언급해온 "그릇된 수치심"과 "수치심을 많이 갖게 한 가정"에서 자랐다는 표현에는 어느 정도 일치하는 부분이 있다. 사람들에게 반복적으로 수치를 주지만, 순전히 당사자에게만 잘못을 돌릴 수 없는 요소도 분명 있다. 이처럼 그릇된 수치심으로 인해 깊은 상처를 입은 사람들을 자유케 하는 일도 장래의 은혜에 대한 믿음으로 살아가는 데서 나온다.

예수님도 '수치심'을 일으키는 일들을 반복적으로 겪으셨다는 사실이 내게는 큰 격려가 되었다. 예를 들어 사람들은 예수님이 "먹기를 탐하고 포도주를 즐긴다"(눅 7:34)고 하면서 주정뱅이와 탐식가로 몰아붙였다. 그들은 예수님을 성전 파괴자라고 부르기도 했다(막 14:58). 또한 위선자라고 불렀다. 다른 사람은 구원했지만 정작 자기 자신은 구원하지 못한다고 놀렸다(눅 23:35). 예수님께 그릇된 수치심을 주려는 의도였다. 그들은 예수님께 수치스러운 죄악들을 떠넘겨 그분의 힘을 빼놓고 무기력하게 만들려고 한 것이다.

바울도 동일한 일들을 경험했다. 바울이 법정에서 자신을 변호할 때 사람들은 미쳤다며 그를 비난했다(행 26:24). 그들은 바울이 유대 전통을 거슬러 행하고 모세 율법을 깨뜨린다고 했다(행 21:21). 그들은 은혜를 더욱 풍성하게 하려면 반드시 죄를 범해야 한다고 바울이 가르쳤다고 했다(롬 3:8). 이 모든 말들은 바울이 그릇된 수치심을 갖도록 대적들이 격동한 것이다.

당신도 성숙하지 못한 부모나 다른 사람들로부터 이런 일들을 경험했을 것이다. 앞으로도 그럴 가능성이 있다. 우리는 이런 그릇된 수치심을 어떻게 물리쳐야 하는가? 우리를 부끄럽게 하려는 모든 노력들이 결국 실패할 것이라는 하나님의 약속을 믿음으로 이러한 수치심을 물리칠 수 있다. 우리는 마땅히 짊어져야 할 수치심과 떠맡지 말아야 할 수치심을 구분해야 한다. 그러나 하나님은 이 두 가지를 모두 책임져주신다. 이사야 선지자는 하나님을 믿는 백성들에게 약속했다. "이스라엘은 여호와께 구원을 받아 영원한 구원을 얻으리니 너희가 영원히 부끄러움을 당하거나 욕을 받지 아니하리로다"(사 45:17). 또한 바울은 그리스도인들에게 구약의 약속을 인용하며 이렇게 말했다. "성경에 이르되 누구든지 그를 믿는 자는 부끄러움을 당하지 아니하리라"(롬 10:11).

달리 말하면 사람들이 우리를 부끄럽게 하려고 모든 조롱과 비난을 퍼붓고, 그로 인해 생겨나는 비통함과 감정적인 고통을 우리에게 안겨주려 해도, 하나님의 약속은 흔들림 없이 든든히 서 있다는 것이다. 그들은 끝내 성공하지 못할 것이다. 하나님의 모든 자녀들은 진실하고 결백하다고 밝혀질 것이다. 진리는 밝혀져야 한다. 하나님의 약속에 소망을 두는 자는 어느 누구도 부끄러움에 빠지지 않는다. 장래의 은혜에 대한 믿음을 통해 우리는 수치심에서 벗어나 진정 자유로운 삶을 살 수 있게 된다.

미약한 감정으로 하나님을 판단하지 말라.
그분이 은혜주실 것을 믿어라.
고난의 섭리 뒤에 웃음짓는 얼굴을 숨겨 놓으셨도다.

윌리엄 쿠퍼

그러므로 형제들아
주께서 강림하시기까지 길이 참으라 …
형제들아 주의 이름으로 말한 선지자들을
고난과 오래 참음의 본으로 삼으라
보라 인내하는 자를 우리가 복되다 하나니
너희가 욥의 인내를 들었고
주께서 주신 결말을 보았거니와
주는 가장 자비하시고 긍휼히 여기시는 이시니라

야고보서 5장 7-11절

기다리는 자들에게나 구하는 영혼들에게
여호와는 선하시도다

예레미야애가 3장 25절

4장

조급함에 맞서
싸우기

하나님의 자리에서, 하나님의 때에, 장래의 은혜로

조급함은 불신앙의 한 형태다. 그것은 우리가 하나님의 지혜로 정하신 그분의 때나 하나님의 선한 인도하심을 의심하기 시작할 때 생겨난다. 우리가 세운 계획이 방해를 받거나 좌절될 때 우리 마음속에서 일어나기도 한다. 계산대 앞에서 오래 기다리거나 우리의 꿈을 날려버린 일들을 겪을 때 발생하기도 한다. 그런 상실감은 별것 아니라며 입에 발린 말을 한다고 문제는 해결되지 않는다. 우리는 예기치 못했던 상황에서도 순종하면서, 하나님을 진지하고 성숙하며 평온하게 기다려야 한다. 그분이 정해주신 자리에서 그분과 보조를 맞춰 나가는 것이다. 그리고 이때 가장 중요한 것은 장래의 은혜에 대한 믿음이다.

메리 듀란트의 흔들림 없는 헌신

칼 올슨^{Karl Olsson}은 그의 책 『열정』^{Passion}에서 위그노라 불린 초기 프랑스 개신교도들이 보여준 믿기 힘들 정도의 놀라운 인내에 관한 이야기를 들려준다.

17세기 말엽, 프랑스 남부에 메리 듀란트^{Marie Durant}라는 소녀가 위그노 이단에 속했다는 죄목으로 당국자들 앞에 끌려왔다. 그 소녀는 열네 살이었고, 총명하고 매력적이며 결혼할 수 있는 연령이었다. 그녀는 위그노 신앙을 버리라는 요구를 받았다. 부도덕한 행위나 범죄자가 되라는 것이 아니었다. 날마다 자신의 행동을 바꾸어야 한다는 것도 아니었다. 그저 신앙을 '부인하겠다'는 말만 하면 됐다. 그 이상도 그 이하도 아니었다. 하지만 그녀는 그런 요구에 응하지 않았다. 그녀는 30명의 다른 위그노 여인들과 함께 바닷가에 있는 탑에 수감되었다.… 그녀의 수감은 38년 동안 계속 되었는데 … 다른 동료 순교자들과 함께 감옥 벽에 단 하나의 단어를 새겨놓았다. 그것은 '인내'[resistez]라는 단어였다.

그 단어는 아직도 감옥의 벽에 새겨져 있어서 관광객들을 놀라게 한다.… 우리는 신앙의 헌신에 담겨 있는 무서운 단순성에 대해 잘 이해하지 못한다. 그런 헌신은 시간으로부터 무엇도 요구하지 않으며 얻으려 하지 않는다. 우리는 시간의 흐름을 너무나 중요하게 생각하는 경향이 있다.… 그러나 우리는 내일이 되면 상황이 더 나아지리라는 일시적인 소망으로 양분을 삼지 않는 그런 신앙을 이해하지 못한다. 그녀는 30명의 동지들과 감옥 속에 앉아 낮이 밤으로 바뀌고 여름이 가을로 변하는 것을 지켜보며 서서히 몸이 쇠약해지는 것을 느꼈다. 피부가 건조해지고 주름이 생기며, 근육이 이완되고, 관절이 뻣뻣해지고, 감각들은 점점 무뎌졌다. 기다리거나 인내하는 능력이 없는 세대에게는 이렇게 참고 견디는 모습이 비상식적이고 바보스럽게 보일 것이다.[16]

인내는 불평이나 환멸감 없이 '기다리고 견디는' 능력이다. 예기지 못한 장소에서 기다리며 예상하지 못했던 변화를 견디는 것이다. 칼 올슨은 인내의 배후에 있는 능력을 가리키는 말로 한 형용사를 사용했다. "우리는 내일이 되면 상황이 더 나아지리라는 '일시적인' 소망으로 양분을 삼지 않는 그런 신앙을 이해하지 못한다." 나는 우리가 과연 그러한 인내를 이해할 수나 있을지 생각해보았다. 우리의 소망이 그저 '일시적인' 소망일 뿐이라면 우리는 그런 인내를 이해하지 못한다. 하지만 지금의 일시적인 생애를 넘어서, 장래의 소망이 영원까지 확장된다면 이 세상에서도 그와 같은 인내를 깊이 이해하게 될 것이다.

성도들이 무수한 핍박 속에서도 인내할 수 있었던 것은 이 세상 너머로 이어지는 장래의 은혜에 대한 소망 때문이었다. 바울은 자신의 삶으로 이런 사실을 선명하게 드러냈다. "그러므로 우리가 낙심하지 아니하노니 우리의 겉사람은 낡아지나 우리의 속사람은 날로 새로워지도다 우리가 잠시 받는 환난의 경한 것이 지극히 크고 영원한 영광의 중한 것을 우리에게 이루게 함이니 우리가 주목하는 것은 보이는 것이 아니요 보이지 않는 것이니 보이는 것은 잠깐이요 보이지 않는 것은 영원함이라"(고후 4:16-18). 메리 듀란트의 인내를 지탱하고 그녀로 하여금 38년 동안 감옥에 있으면서 벽에 '인내'를 쓰도록 이끈 힘은 장래의 은혜에 대한 믿음이라고 나는 확신한다.

인내의 내적인 힘

인내에는 '힘'strength이 필요하다. 사도 바울은 골로새 교회를 위해 이렇게 기도했다. "그의 영광의 힘을 따라 모든 능력으로 능하게 하시며 기쁨으로 모든 견딤과 오래 참음에 이르게 하시고"(골 1:11). 인내는 내적인 힘이 외적으로 드러난 증거다. 조급한 사람들은 나약하다. 그래서 꽉 짜인 일정표나 자신들의 연약한 마음을 지탱해줄 상황과 같은, 외부로부터 오는 도움에 의존한다. 그들이 외치는 무수한 맹세와 자신의 계획을 방해하는 사람들을 위협하고 거칠게 비난하는 소리는 그리 나약하지 않게 보인다. 하지만 그런 시끄러운 소리들은 모두 나약함을 감추는 위장에 불과하다.

인내는 막대한 내적인 힘을 요구한다. 그리스도인들에게

이러한 힘은 하나님으로부터 온다. 이런 이유 때문에 바울은 골로새 교인들을 위해 기도한 것이다. 그는 하나님께서 그리스도인의 삶에 요구되는 인내와 견딤을 위한 힘을 그들에게 부여해주시기를 간구했다. 바울이 '하나님의 영광의 힘을 따라' 그러한 능력이 온다고 했을 때, 그런 신적인 능력이 있어야 인내할 수 있다는 의미로 말한 것은 아니다. 그는 이러한 영광의 힘에 대한 믿음을 통로로 하여 인내하게 하는 능력이 온다는 사실을 강조했다. 인내, 즉 오래 참음은 성령의 열매(갈 5:22)이다. 그렇지만 성령님은 듣고 믿는(갈 3:5) 자들에게 능력으로 역사하신다.[17] 그러므로 바울은 하나님께서 인내할 수 있는 능력을 주시는 "영광의 힘"에 우리를 연결해달라고 기도하고 있다. 그러한 연결이 곧 믿음이다.

하나님을 신뢰하면 모든 장애들이 복으로 바뀐다

하나님의 영광스러운 능력은 우리가 만나는 모든 우회로와 장애물들을 영광스러운 결과로 바꿔주신다. 우리는 이러한 사실을 볼 수 있어야 하고 신뢰해야 한다. 오랫동안 켜 있는 정지 신호가 얼마 후에 일어나게 될 사고로부터 우리를 지키시는 하나님의 손길이라고 믿는다면, 우리는 즐거운 마음으로 인내하며 기다릴 것이다. 다리가 부러져 엑스레이 촬영을 했다가 암을 초기에 발견하여 살아나게 되었다면, 우리는 부러진 다리로 인한 불편 정도는 너끈히 감수할 수 있다. 한밤중에 걸려오는 전화 때문에 잠에서 깼다가 지하실에서 올라오는 연기 냄새를 맡게 되었을 때, 우리는 잠을 설쳤다고 불평하지 않을 것이다. 인내에 이르는 열쇠는 하나님의 "영광스러운 능력"이라는 장래의 은혜에 대한 믿음에 있다. 그 능력이 우리를 가로막는 모든 장애물들로 하여금 결국 이득이 되게 하기 때문이다.

달리 말하자면 일이 지체되고 이리저리 돌아가야 하는 상황 속에서도 우리가 인내할 수 있는 것은 하나님께서 그 안에서 우리를 위해 선을 행하신다는 믿음 때문이다. 장래의 은혜에 대한 큰 믿음이 있어야 이렇게 인내할 수 있다.

리차드 웜브란드^{Richard Wurmbrand}는 전설과 같은 이야기를 들려준다. 우리에게 악과 절망밖에 안 보여도 하나님의 선하신 목적들을 믿어야 할 필요가 있음을 잘 설명해주는 글이다.

모세에 관한 이런 전설이 있다. 한번은 모세가 우물가에 앉아 깊은 생각에 빠져 있었다. 그때 어떤 나그네가 물을 마시려고 우물가에 멈춰 섰다. 그가 물을 마시고 있을 때 그의 행랑에서 돈주머니가 흘러나와 땅에 떨어졌다. 여행객은 그 사실을 모른 채 떠났다. 얼마 안 있어 다른 여행객이 우물 근처를 지나가다가 돈주머니를 보고 가져가버렸다. 세 번째 사람이 왔는데, 갈증을 해소하기 위해 물을 마시고 나서 우물곁의 그늘에서 잠이 들었다. 한편 첫 번째 나그네는 돈주머니가 없어진 것을 발견하고서 분명히 우물에서 잃어버렸다고 추측했다. 그는 우물로 돌아와 자는 사람을 깨우고서(물론 그는 지갑이나 돈에 관하여 아무것도 모른다) 돈을 내놓으라고 요구했다. 심한 말다툼이 이어지고, 화가 난 첫 번째 나그네는 세 번째 사람을 살해하고 말았다.

  모세는 그 자리에서 하나님께 말했다. "당신도 보셨다시피, 그렇기 때문에 사람들이 당신을 믿지 않는 것입니다. 이 세상에는 너무나 많은 악과 불법이 있습니다. 왜 첫 번째 사람이 그의 돈주머니를 잃어버리고 살인을 해야 했습니까? 왜 두 번째 사람은 주인을 찾으려는 노력도 하지 않았는데 돈주머니를 가져갑니까? 세 번째 사람은 아무런 잘못을 하지 않았습니다. 그런데 왜 그가 살해당해야 합니까?"

하나님께서 대답하셨다. "이런 질문에 항상 대답해줄 수는 없다. 이번 단 한 번만 네게 대답해 주겠다. 첫 번째 사람은 도둑의 아들이었다. 돈이 가득 든 돈주머니는 그의 아버지가 두 번째 사람의 아버지로부터 훔친 것이다. 두 번째 사람은 자기에게 주기로 되어 있었던 돈주머니를 찾으러 다니는 중이었다. 세 번째 사람은 살인자다. 그가 범한 악행은 결코 드러나지 않았으므로, 그는 당연히 받아야 할 형벌을 첫 번째 사람에게 받았다. 앞으로는 네가 이해하지 못하는 상황이지만 거기에는 어떤 의미가 있고 정의가 흘러나온다는 것을 믿도록 하여라."[18]

모세가 모든 것을 자기 백성들의 유익으로 바꾸실 하나님의 능력과 지혜를 좀 더 분명히 믿었더라면, 그 이야기 속에서 모세가 하나님을 향해 드러낸 조바심은 얼마든지 극복되었을 것이다. 하나님께서는 성경에서 그런 약속들을 반복해서 주셨다(대하 16:9, 시 23:6, 84:11, 렘 32:40-41, 사 64:4, 롬 8:28, 32, 고전 3:22-23). 위의 전설 속에서 오해를 일으킬 만한 잘못된 내용이 있다면 "이번 단 한 번만 네게 대답해 주겠다"라는 부분일 것이다. 그와 정반대로 하나님께서는 성경 속에서 책 한 권을 가득 채울 수 있을 정도로 이에 대한 설명을 반복해서 들려주신다.

인내에 이르는 열쇠: "하나님은 그것을 선으로 바꾸사"

창세기 37-50장의 요셉 이야기는 왜 우리가 주권적인 장래의 은혜를 믿어야 하는지에 대해 놀라운 교훈을 준다. 요셉은 형제들에 의해 종으로 팔려갔다. 그 사건으로 요셉의 인내는 혹독한 시험을 치렀다. 하지만 그는 보디발의 집에서 좋은 직책을 맡았다. 그런 후에 예기치 못하게 순종을 시험하는 순간이 왔을 때 그는 곧바르게 행동했고, 보디발의 아내는 거짓말을 했다. 그로 인해 요셉은 옥에 갇히게 된다. 그의 인내를 시험하는 또 한번의 시련이었다. 하지만 다시금 일이 순조롭게 풀려 옥을 지키는 간수가 그에게 감옥의 사무와 책임을 모두 맡겼다. 요셉은 술 맡은 관원에게 꿈을 해몽해주고 옥에서 곧 풀려날 것으로 기대했지만, 아무 일도 일어나지 않고 2년이라는 시간만 더 흘러갔다.

요셉의 인생길이 이렇게 지체되고 멀리 돌아갔던 데에는

다 의미가 있었다. 요셉은 오랫동안 떨어져 있었던 형제들을 만나 이렇게 말한다. "하나님이 큰 구원으로 당신들의 생명을 보존하고 당신들의 후손을 세상에 두시려고 나를 당신들보다 먼저 보내셨나니 … 당신들은 나를 해하려 하였으나 하나님은 그것을 선으로 바꾸사 오늘과 같이 많은 백성의 생명을 구원하게 하시려 하셨나니"(창 45:7, 50:20).

요셉이 오랫동안 고생과 학대를 당하면서도 인내할 수 있었던 이유는 무엇일까? 바로 '장래의 은혜에 대한 믿음'이 있었기 때문이다. 하나님의 주권적인 은혜가 예기치 못한 장소와 예기치 못한 사건들을 가장 행복한 결말로 변화시킬 것에 대한 믿음이었다.

비극적인 신혼여행

이 땅에서 살아가는 모든 사람들이 그처럼 행복한 결말을 맺는 것은 아니다. 벤자민 워필드 Benjamin B. Warfield 는 세계적으로 유명한 신학자로, 1921년 2월 16일 세상을 떠나기 전까지 거의 34년 동안 프린스턴 신학교에서 학생들을 가르쳤다.

많은 사람들은 『성경의 영감과 권위』^The Inspiration and Authority of the Bible와 같은 그의 유명한 책들을 잘 알고 있다. 하지만 대다수 사람들은 1876년에 그에게 어떤 일이 일어났는지 잘 모른다. 당시 스물다섯이었던 그는 애니 피어스 킨케드^Annie Pierce Kinkead와 결혼하여 독일로 신혼여행을 떠났다. 맹렬한 풍랑 속에서 애니는 번개에 맞았고 영구적으로 불구가 되었다. 워필드는 1915년에 그녀가 세상을 떠날 때까지 39년 동안 그녀를 간호했다. 그녀는 절대적으로 다른 사람의 도움이 필요했기 때문에 워필드는 결혼 생활 내내 두 시간 이상 집을 비운 적이 거의 없었다.[19]

결혼하기 일주일 전에 나도 지금의 아내에게 이렇게 말했던 기억이 난다. "우리가 신혼여행에서 자동차 사고를 당하여 당신이 불구가 되더라도, '좋은 일이나 슬픈 일이나 함께하겠다'고 서약했던 내용은 반드시 지키겠소." 워필드에게는 그런 일이 실제로 일어났다. 그의 아내는 끝내 회복되지 않았다.

그가 겪은 이야기의 마지막에는 이집트의 왕권 같은 것이라곤 없었다. 오로지 한 남자가 한 여자에게 40년 가까이 인내와 성실함을 보여줘야 했을 뿐이다. 하지만 워필드는 로마서 8장 28절에 대한 글을 쓰며 자신의 생각을 실어놓았다.

"여기에서 근본을 이루는 개념은 하나님의 우주적인 통치다. 당신에게 다가오는 모든 일들은 하나님의 다스리시는 손길 아래에 있다. 하나님께서 자기를 사랑하는 자들에게 베푸시는 호의는 부차적인 개념에 속한다. 그분이 모든 것을 다스리신다면, 하나님께서 호의를 베푸시려는 자들에게 생겨나는 모든 일들은 오로지 선하고 좋은 것일 수밖에 없다.… 우리는 자기 자신조차도 돕지 못할 정도로 나약하므로 우리에게 필요한 것도 제대로 간구하지 못하며, 뭐라 말할 수 없는 열망 속에서 신음할 따름이다. 하나님은 우리 안에 그와 같은 모든 열망들을 일으키셨다.… 또한 그분은 모든 것을 통치하시므로 우리는 각자에게 일어나는 모든 일로부터 오로지 선한 것만을 수확할 것이다."[20]

죽음조차도 결정적인 장애물은 아니다

죽음의 경우에도 위에서 말한 사실이 적용된다. 어떤 성도들은 감옥에서 죽음을 당했다(계 2:10). 그러나 죽음마저도 하나님의 자녀들을 섬기는 종이 된다. 사도 바울은 그런 의도로 이렇게 말했다. "바울이나 아볼로나 게바나 세계나 생명이나 사망이나 지금 것이나 장래 것이나 다 너희의 것이요 너희는 그리스도의 것이요 그리스도는 하나님의 것이니라"(고전 3:22-23). 우리의 소유인 죽음은 우리를 위해 봉사한다. 우리의 유익을 위해 존재하는 것이다. 이 사실을 달리 말하면 죽음이 우리를 하나님의 사랑으로부터 갈라놓을 수 없다는 것이다. "누가 우리를 그리스도의 사랑에서 끊으리요 환난이나 곤고나 박해나 기근이나 적신이나 위험이나 칼이랴 … 그러나 이 모든 일에 우리를 사랑하시는 이로 말미암아 우리가 넉넉히 이기느니라"(롬 8:35-37). 비록 우리가 죽음을 당할지라도 우리는 승리한다. 죽음은 결국 우리의 최선의 유익을 위해 봉사할 것이다.[21]

요셉의 인생과 성경 전체의 교훈은 이 진리를 그대로 드러낸다. 지체됨과 우회, 좌절과 방해가 우리의 계획을 망가뜨리고 불길한 징조로 다가와도, 장래의 은혜에 대한 믿음은 하나님의 주권적인 목적을 굳게 부여잡고 아무리 험난한 일도 극복하고 지나가도록 돕는다. 이것이 인내의 열쇠다.

신실한 인내의 길은 순탄하지 않다

바벨론 포로기 이후에 성전이 건축되는 이야기를 통해 우리는 하나님의 주권적인 은혜가 어떻게 인내를 이끌어내는지를 또다시 볼 수 있다. 하나님께서 사건의 흐름을 선한 방향으로 이끄시는 방법은 너무도 놀랍다. 아마도 그분은 그러한 일들을 행하시면서 웃음을 머금고 계셨을 것이다.

이스라엘은 수십 년 동안 포로 생활을 했다. 이제 하나님의 계획 속에서 그들이 약속의 땅으로 돌아올 회복의 때가 되었다. 어떻게 그런 일이 일어날 수 있었을까? 틀림없이 유대인들도 인내로 하나님의 때를 기다리면서 마음속에 그러한 의문을 품고 있었을 것이다. 그런데 하나님은 놀라게도 왕의 마음마저 주권적으로 다스리셨다.

에스라는 이같이 기록했다. "바사 왕 고레스 원년에 여호와께서 예레미야의 입을 통하여 하신 말씀을 이루게 하시려고 바사 왕 고레스의 마음을 감동시키시매 … 조서도 내려 이르되 … 하늘의 하나님 여호와께서 … 나에게 명령하사 유다 예루살렘에 성전을 건축하라 하셨나니"(스 1:1-2). 참으로 놀라운 기록이 아닐 수 없다. 돌연 하나님께서 고레스의 마음을 감동시켜서 유대인이라는 소수 민족에게 관심을 갖게 하시고, 그들을 보내어 예루살렘에 성전을 건축하도록 하셨다. 성전 재건이 그런 식으로 해결되리라고 누가 생각했겠는가? 장래의 은혜에 대한 믿음을 가진 자들이 아니겠는가? 그러나 이것이 전부가 아니다.

4만 2천 명의 유대 포로들은 유대 땅으로 귀환하여 예루살렘에 성전을 건축하기 시작했다. 그들의 기쁨을 상상해보라. 하지만 여기서 주의해야 한다. 신실하다고 해서 곧장 영광에 이르는 법은 드물기 때문이다. 유대에 있던 대적자들은 그들을 가로막고 훼방했다. "이로부터 그 땅 백성이 유다 백성의 손을 약하게 하여 그 건축을 방해하되 바사 왕 고레스의 시대부터 바사 왕 다리오가 즉위할 때까지 관리들에게 뇌물을 주어 그 계획을 막았으며"(스 4:4-5). 유다 백성들이 느꼈을 좌절감과 조바심을 생각해보라. 하나님께서 성전 재건의 길을 활짝 열어놓으신 듯 보였지만, 이제는 커다란 장애물이 가로막고 있는 것이다.

하지만 하나님께서는 다른 계획이 있었다. 장래의 은혜에 대한 믿음을 가진 자들에게는 육신의 눈에는 안 보이는 것까지 보이기 마련이다. 그렇다. 그 땅에 거주하고 있었던 자들은 성전 건축을 중단시켰다. 그러나 고레스를 움직이셨던 동일한 주권적인 능력으로, 하나님께서 유대 지역의 대적자들을 극복하실 것을 신뢰해야 하지 않겠는가? 우리는 이렇듯 하나님의 주권적인 은혜에 관한 교훈을 너무나 더디 배운다. 하나님은 학개와 스가랴 두 선지자를 보내어 성전 건축을 다시 시작하려는 백성들을 격려하셨다(스 5:1). 물론 그때에도 대적자들은 있었다. 그들은 성전 건축을 가로막으려고 안간힘을 썼다. 그들은 새 황제인 다리오에게 편지를 보냈다. 하지만 그들의 편지는 전혀 예상하지 못했던 역효과만 가져왔다. 여기에서 우리는 하나님께서 성전 건축이 잠시 중단되도록 허용하신 이유를 보게 된다.

다리오 왕은 그들의 편지를 읽은 후 성전 건축을 중단시키지 않고, 오히려 문서 보관소를 뒤져 성전 건축을 허락했던 고레스 왕의 조서를 찾아오게 했다. 그 결과는 놀라웠다. 다리오 왕은 다시 조서를 내려보냈다. 대적자들이 감히 의문을 제기하거나 그릇된 생각을 못할 정도로 놀라운 내용이었다. "하나님의 성전 공사를 막지 말고 유다 총독과 장로들이 하나님의 이 성전을 제자리에 건축하게 하라 내가 또 조서를 내려서 하나님의 이 성전을 건축함에 대하여 너희가 유다 사람의 장로들에게 행할 것을 알리노니 왕의 재산 곧 유브라데 강 건너편에서 거둔 세금 중에서 그 경비를 이 사람들에게 끊임없이 주어 그들로 멈추지 않게 하라"(스 6:7-8).

달리 말하자면 하나님께서는 성전 건축이 잠시 미뤄지도록 허용하심으로 성전이 다리오 왕의 재산으로 건축될 수 있도록 하셨다. 이와 같은 장래의 은혜를 바라보고 깨달을 수 있는 믿음이 있다면, 인내하지 못하는 조바심은 얼마든지 극복할 수 있지 않겠는가?

우리가 이러한 하나님의 계획에 대하여 의심하지 않도록 에스라 6장 22절에는 놀라운 사실이 서술되어 있다. "이는 여호와께서 그들을 즐겁게 하시고 또 앗수르 왕의 마음을 그들에게로 돌려 이스라엘의 하나님이신 하나님의 성전 건축하는 손을 힘 있게 하도록 하셨음이었더라." 윌리엄 쿠퍼 William Cowper, 1731-1800 의 위대한 찬송 "주 하나님 크신 능력"God Moves in a Mysterious Way 이 고대에도 있었다면, 유다 백성들은 소리 높여 이렇게 노래를 불렀을 것이다.

미약한 감정으로 하나님을 판단하지 말라.
그분이 은혜 주실 것을 믿어라.

고난의 섭리 뒤에

웃음짓는 얼굴을 숨겨 놓으셨도다.

장래의 은혜에 대한 믿음으로 살아간다는 말은 "왕의 마음이 여호와의 손에 있음이 마치 봇물과 같아서 그가 임의로 인도하시느니라"(잠 21:1)는 말씀을 믿는 것과도 같다. 하나님은 고레스에게 그와 같은 일을 행하셨고(스 1:1), 다리오에게도 행하셨으며(스 6:22) 나중에는 아닥사스다 왕에게도 동일한 일을 행하셨다. "우리 조상들의 하나님 여호와를 송축할지로다 그가 왕[아닥사스다]의 마음에 예루살렘 여호와의 성전을 아름답게 할 뜻을 두시고"(스 7:27). 하나님은 온 세계를 통치하신다. 그분은 역사를 주관하신다. 그리고 하나님은 백성들의 유익과 자신의 이름의 영광을 위하여 그러한 통치를 베푸신다. "주 외에는 자기를 앙망하는 자를 위하여 이런 일을 행한 신을 옛부터 들은 자도 없고 귀로 들은 자도 없고 눈으로 본 자도 없었나이다"(사 64:4). 인내할 수 있는 힘은 장래에 부어주실 하나님의 주권적인 은혜에 대한 믿음을 통해 흘러나온다.

하나님은 가장 자비하시고 긍휼히 여기는 분이시다

우리는 하나님의 이러한 은혜가 '주권적'이라는 사실을 강조해왔다. 우리는 또한 그것조차 은혜라는 것을 강조할 필요가 있다. 그분의 은혜는 자비로우며 우리를 향한 선한 뜻으로 가득 차 있다. 이것이 야고보가 욥이 겪은 고난 그리고 조바심과의 싸움에 관해 말하면서 강조한 내용이다.

> 그러므로 형제들아 주께서 강림하시기까지 길이 참으라 보라 농부가 땅에서 나는 귀한 열매를 바라고 길이 참아 이른 비와 늦은 비를 기다리나니 너희도 길이 참고 마음을 굳건하게 하라 주의 강림이 가까우니라 형제들아 서로 원망하지 말라 그리하여야 심판을 면하리라 보라 심판주가 문 밖에 서 계시니라 형제들아 주의 이름으로 말한 선지자들을 고난과 오래 참음의 본으로 삼으라 보라 인내하는 자를 우리가 복되다 하나니 너희가 욥의 인내를 들었고 주께서 주신 결말을 보았거니와 주는 가장 자비하시고 긍휼히 여기시는 이시니라(약 5:7-11).

야고보는 욥의 시련이 어떻게 끝맺는지 보라고 한다. '결말'

에 해당하는 헬라어 '*telos*'텔로스는 단순한 결과가 아니라 '목적'을 의미한다. 욥의 모든 일들을 다루면서 자비를 베푸시며 그에게 큰 복을 내리시는 것이 하나님의 목적이었다. 욥은 처음에 이런 사실을 파악하지 못했고 그렇기 때문에 자신의 그릇됨을 깊이 회개했다. "그러므로 내가 스스로 거두어들이고 티끌과 재 가운데에서 회개하나이다"(욥 42:6). 인내의 힘은 "하나님께서 우리의 모든 문제들을 가장 자비롭게 긍휼히 여기며 다루신다"는 진리를 믿는 데에서 흘러나온다. 장래의 은혜에 대한 믿음은 주권적인 은혜와 은혜로운 그분의 주권에 대한 믿음이다.

믿음과 오래 참음으로 말미암아 약속들을 기업으로 받는다

인내는 장래에 베풀어주실 은혜의 약속에 대한 믿음으로 유지된다. 순종의 길에서 당하는 예상치 못한 좌절 속에서도 하나님의 말씀은 언제나 진리로 드러난다. "내가 그들에게 복을 주기 위하여 그들을 떠나지 아니하리라 … 내가 기쁨으로 그들에게 복을 주되 분명히 나의 마음과 정성을 다하여 그들을 이 땅에 심으리라"(렘 32:40-41). 그분은 평생토록 선하심과 인자하심으로 우리를 추적하신다(시 23:6). 그러므로 인내하지 않고 불평하는 것은 불신앙의 한 형태다.

이런 이유 때문에 인내하라는 명령이 그토록 중대한 의미를 가진다. 예수님도 "너희의 인내로 너희 영혼을 얻으리라"(눅 21:19)고 말씀하셨다. 히브리서 기자도 "게으르지 아니하고 믿음과 오래 참음으로 말미암아 약속들을 기업으로 받는 자들을 본받는 자"(히 6:12)가 되라고 했다. 우리는 순종의 길에서 약속들을 기업으로 받게 된다. 그것은 인내가 구원을 얻게 하는 육체의 행위이기 때문이 아니라, 장래의 은혜에 대한 믿음의 열매이기 때문이다.

찰스 시므온 Charles Simeon 은 1782년부터 1836년까지 영국 국교회 소속으로 캠브리지에 있는 트리니티 교회에서 사역했다. 그는 교인들의 반대에도 불구하고 주교에 의해 그 교회 사역자로 임명되었다. 사람들이 그를 반대한 이유는 설교가 서툴러서가 아니라 그가 복음주의자였기 때문이다. 그는 성경을 믿었고 회개와 거룩함과 세계 복음화를 부르짖었다.

12년 동안 교인들은 그에게 주일 오후 설교를 하지 못하게 했다. 또한 같은 기간 동안 그들은 주일 오전 예배 참석을 거부하고 교회 의자에 아무도 앉지 못하게 잠금 장치를 해버렸다. 시므온은 12년 동안 의자 사이의 통로에서 몇몇 교인들에게 설교했을 따름이다! 미국 목회자들은 평균적인 환경에서 4년 정도 머물며 사역하는데, 시므온은 격렬한 반대가 있는 곳에서 12년 동안 사역했다. 그 후로도 54년을 계속 사역했다. 도대체 그는 어떻게 그 상황을 인내할 수 있었을까?

> 이러한 일들 속에서 나는 해결책을 찾지 않고 오로지 믿음과 인내를 구했다(믿음과 인내의 관계에 주목하라 – 저자 주). 나의 마음을 정복하고 사로잡았던 성경 구절은 이 말씀이었다. "주의 종은 마땅히 다투지 아니하고"(딤후 2:24. 믿음과 인내를 위한 싸움에서 무기는 하나님의 말씀이었다! – 저자 주). 통로 외에는 어디에도 들어가지 못하게 가로막힌 교회를 보는 것은 너무도 고통스러운 일이었다. 그렇지만 하나님께서 꾸준히 교회에 출석하는 얼마 안 되는 교인들에게 갑절의 복을 내리신다면, 교인 수가 갑절이 되더라도 축복은 절반으로 제한되는 것보다 훨씬 더 나은 일이라는 생각이 들었다. 이러한 생각은 내게 여러 번 위안이 되었다. 그런 묵상이 없었다면 난 아마도 고통의 짐에 짓눌려 버렸을 것이다.[22]

인내의 길을 꾸준히 따라간다면 하나님께서 그의 사역에 좌절감을 능가하는 복을 주실 것이라는 확신을 그는 어디서 얻을 수 있었을까? 그는 이사야 30장 18절처럼 장래의 은혜를 약속하는 본문에서 그런 흔들림 없는 마음을 얻었다. "그를 기다리는 자마다 복이 있도다." 하나님의 말씀은 불신앙을 억누르고, 장래의 은혜에 대한 믿음은 조바심을 제압한다.

그로부터 54년 후 1836년 10월, 그는 죽어가고 있었다. 그 기간은 몇 주간 계속되었다. 죽어가는 많은 성도들 곁에 있어 본 나는, 임종을 맞는 자리에서는 조바심과의 싸움이 더욱 치열해진다는 사실을 배웠다. 10월 21일, 그는 곁을 지키던 사람들에게 천천히 가쁜 숨을 몰아쉬며 간간히 이 말을 들려주었다.

> 무한한 지혜는 무한한 사랑으로 전체를 조화시켰습니다. 그리고 무한한 능력은 내가 그 사랑 위에서 편히 쉴 수 있게 하셨습니다. 사랑 많으신 아버지의 품안에 있으므로 나는 아무 염려도 없습니다. 오직 그분의 신실함과 불변함과 진리만을 볼 뿐입니다. 나는 최고로 평안합니다. 이보다 더 완전한 평안함은 어디에도 없습니다.[23]

시므온이 그처럼 죽음을 맞을 수 있었던 것은 꾸준히 성경으로 돌아가 장래의 은혜라는 약속들을 부여잡고, 그것들로 조바심이라는 불신앙을 정복하도록 54년 동안 훈련했기 때문이다. 그는 장래의 은혜에 대한 믿음의 싸움을 싸우기 위해 성령의 검을 사용하는 법을 꾸준히 배워왔다. 장래의 은혜에 대한 믿음으로 그는 계획에 없었던 순종의 자리에서 하나님과 함께 기다렸고, 계획에 없던 보조로 하나님과 함께 걷는 법을 배웠다. 그는 "나 곧 내 영혼은 여호와를 기다리며 나는 주의 말씀을 바라는도다"(시 130:5)라고 말한 시편 기자 같았다. "기다리는 자들에게나 구하는 영혼들에게 여호와는 선하시도다"(애 3:25). 삶과 죽음의 자리에서 찰스 시므온은 이 하나님의 약속을 선명하고 강력하게 드러낸 사람이었다.

돈을 사랑하지 말고 있는 바를 족한 줄로 알라
그가 친히 말씀하시기를 내가 결코 너희를 버리지 아니하고
너희를 떠나지 아니하리라 하셨느니라
그러므로 우리가 담대히 말하되
주는 나를 돕는 이시니 내가 무서워하지 아니하겠노라
사람이 내게 어찌하리요 하노라
히브리서 13장 5-6절

어떠한 형편에든지 나는 자족하기를 배웠노니
나는 비천에 처할 줄도 알고 풍부에 처할 줄도 알아
모든 일 곧 배부름과 배고픔과 풍부와 궁핍에도
처할 줄 아는 일체의 비결을 배웠노라
내게 능력 주시는 자 안에서 내가 모든 것을 할 수 있느니라
빌립보서 4장 11-13절

그러나 자족하는 마음이 있으면
경건은 큰 이익이 되느니라
디모데전서 6장 6절

5장

탐심에 맞서
싸우기

전략적인 큰 그림

그리스도인의 삶에서 마주치는 수많은 전투에 대해 적용하는 이번 장에 들어가면서 우리는 먼저 전략적인 큰 그림을 그려보아야 한다. 우리의 삶 속에서 죄악에 대항해서 싸우는 좋은 방법은 불신앙으로 기울어지는 [또 기울어지기 쉬운] 우리의 성향과 싸우는 것이다. 이 책의 목적은 우리의 마음을 이 진리에 고정시키는 것이다.

우리는 그리스도가 어떤 분이시고 그분이 우리를 위해 어떠한 일을 하셨는지를 아는 참된 지식과, 모든 약속이 주님 때문에 확실히 이루어진다는 분명한 확신에서 떠나 요동하기 쉬운 존재들이다. 우리가 하나님과 올바른 관계를 맺고 하나님의 모든 약속의 성취를 보장받는 근거가 바로 그리스도의 보혈과 그분의 의로 인한 것임을 한순간도 놓쳐서는 안 된다.

그리스도 안에 있는 믿음으로 말미암아 우리는 그분을 우리의 의로움으로 감싸안으며, 주님 안에서 하나님이 약속하신 모든 것을 받아들인다. 이러한 약속의 성취는 그리스도의 사역에 근거하고 있으며, 이것이 내가 말하는 장래의 은혜이다. 우리는 죄와 이러한 방식으로 싸운다. 다른 식으로 말하자면, 의와 사랑을 추구하는 길은 곧 장래의 은혜로 인한 믿음으로 살아간다는 의미와도 같다.

왜 장래의 은혜에 대한 믿음을 위해 싸워야 하는가?

첫 번째 이유는, 이것이 없다면 우리가 주님을 보지 못하는, 그런 실제적인 거룩함이 있기 때문이다. "모든 사람과 더

불어 화평함과 거룩함을 따르라 이것이 없이는 아무도 주를 보지 못하리라"(히 12:14). 그러나 많은 사람들은 그렇게 살아가지 않는다. 거룩하지 못한 삶을 살아가는 그리스도인들은 예수님의 무서운 말씀을 피하지 못할 것이다. "그때에 내가 그들에게 밝히 말하되 내가 너희를 도무지 알지 못하니 불법을 행하는 자들아 내게서 떠나가라 하리라"(마 7:23).

교회에 출석하면서, 과거에 자신이 예수님을 한 번 영접하는 기도를 했다고 구원받았다고 믿는 사람들이 있다. 하지만 그들은 그러한 경험의 진위 여부가 인내에 의해 판명된다는 것을 알지 못하고 있다. "그러나 끝까지 견디는 자는 구원을 얻으리라"(마 24:13). 바울은 신앙을 고백한 그리스도인들에게 이렇게 말했다. "너희가 육신대로 살면 반드시 죽을 것이로되"(롬 8:13). 그러므로 이것이 없다면 주님을 보지 못하는 그런 거룩함이 있는 것이다. 장래의 은혜에 대한 믿음으로 살며 거룩함을 위해 분투하는 것은 매우 중요하다.

죄에 대항해서 싸우는 일에 이런 특별 전략을 강조하는 두 번째 이유는, 거룩함을 추구하는 것 같지만 미끄러져 오히려 죽음으로 인도하는 길도 있기 때문이다. 내가 당신에게 거룩함을 가져야 하며 그것이 없으면 주님을 보지 못할 것이라고 그토록 설득했건만, 당신이 성경에서 금하고 있고 반드시 실패하게 될 길에서 죄와의 싸움을 시작한다면 그보다 더 불행한 일이 또 어디에 있겠는가!

로마서 9장 31-32절을 기억하자. "의의 법을 따라간 이스라엘은 율법에 이르지 못하였으니 어찌 그러하냐 이는 그들이 믿음을 의지하지 않고 행위를 의지함이라 부딪칠 돌에 부딪쳤느니라." 우리가 행위가 아닌 믿음으로 의의 법을 추구할 때에 실제적이고 일상적인 의로움에 이르게 된다. '행위'라는 표현은 장래의 은혜가 주는 바 자유롭게 하겠다는 약속과 이를 충족시키는 믿음 없이 의를 얻으려는 싸움을 말한다. 나는 우리가 거룩함을 이루어 가기 위해 싸울 때, 행위가 아니라 믿음으로 분투해야 한다는 교훈을 가르치기 위해 이 책을 쓰고 있다.

장래의 은혜에 대한 믿음을 위해 싸우라고 강조하는 세 번째 이유는, 우리가 거룩함과 사랑을 추구할 때 하나님께서 영광 받으시기를 갈망하기 때문이다. 하나님께서는 우리가 그분의 약속을 믿음으로 거룩함을 추구할 때 영광을 받으신다. 우리의 나약함과 실패로 인해 겸손해지고 장래의 은혜를 얻기 위해 그분을 의지하는 그때에 하나님은 영광을 받으신다.

그러므로 장래의 은혜에 대한 믿음으로 살아가는 법을 배우지 않는다면, 우리는 하나님의 영광을 위해 행동하지 않고 오로지 종교적인 엄격함을 지키는 일에만 급급하게 될 것이다. 하나님은 장래의 은혜에 대한 겸손한 믿음을 통해 그분의 거룩하게 하는 능력이 공급될 때에 영광을 받으신다. 마틴 루터는 이렇게 말했다. "우리는 [믿음으로] 신뢰하는 그 대상에게 최상의 존경과 경외하는 마음을 돌린다. 그 믿음은 그분이 의지할 만하고 고귀한 존재임을 인정하는 것이기 때문이다."[24] 우리의 신뢰와 의지의 대상이신 그분은 그렇게 영광을 받으신다.

내가 가진 최고의 열망은 하나님의 영광을 위해 살아가는 법을 배우는 것이다. 그것이 장래의 은혜에 대한 믿음으로 살아간다는 뜻이며, 그분의 영광을 위해 나아가는 길을 방해하는 불신앙 — 탐심을 포함하여 — 을 대적하여 싸운다는 말의 의미다.

탐심이란 무엇인가?

탐심은 모든 죄의 목록 가운데 놀랍게도 상위를 차지하고 있다. 십계명에서 명백하게 금하고 있을 정도다. "네 이웃의 집을 탐내지 말라"(출 20:17).

디모데전서 6장 5-6절에는 이 구절의 의미에 대한 좋은 단서가 있다. "마음이 부패하여지고 진리를 잃어 버려 경건을 이익의 방도로 생각하는 자들의 다툼이 일어나느니라 그러나 자족하는 마음이 있으면 경건은 큰 이익이 되느니라." 여기에는 '탐심'이라는 단어가 사용되지는 않았지만 실제적으로 이 구절 전체가 탐심을 극복하는 길과 관련되어 있다. 바울은 5절에서 "경건을 이익의 방도로 생각하는 자들"이 있다고 말한 후에, 6절에서 "자족하는 마음이 있으면 경건은 큰 이익이 되느니라"고 했다.

이것이 탐심을 정의하는 열쇠를 제공한다. 탐심은 당신이 무언가를 지나치게 갈망해서 하나님 안에서 누리는 만족함을 잃어버리는 것이다.

탐심의 반대는 하나님 안에서의 만족이다. 하나님 안에서 누리는 만족이 감소될 때, 탐심은 이익을 얻기 위해 증가한다. 그렇기 때문에 바울은 골로새서 3장 5절에서 탐심을 우상숭배라고 분류했다. "그러므로 땅에 있는 지체를 죽이라 곧 음란과 부정과 사욕과 악한 정욕과 탐심이니 탐심은 우상숭배니라." 탐심이 우상숭배인 이유는 하나님으로부터 오는 만족감을 누려야 할 마음이 다른 무언가로부터 만족을 얻기 때문이다.

따라서 탐심은 무언가를 지나치게 갈망해서 하나님 안에서의 만족을 상실하는 것이다. 또는 하나님 안에서의 만족함을 상실하여 다른 무언가를 구하기 시작하는 것이다.

십계명이 실질적으로 동일한 계명으로 시작하고 끝맺는다는 생각을 해본 적이 있는가? "너는 나 외에는 다른 신들을 네게 두지 말지니라"(출 20:3). "네 이웃의 집을 탐내지 말라"(출 20:17). 이 두 계명은 거의 동일한 계명이다. 탐심은 하나님보다 다른 것들을 더 갈망하는 것이다. 그렇게 하여 하나님 안에서 만족함을 잃어버리도록 한다. 탐심은 하나님과 다른 신들 사이에서 마음이 나눠지는 것이다. 그래서 바울은 탐심을 우상숭배라고 했다.

탐심을 피하라, 믿음을 위해 싸워라

바울은 디모데전서 6장 6-12절에서 독자들이 탐심에 빠지지 않도록 설득하고 힘을 불어넣기 위해 애쓰고 있다. 하지만 우리는 바울이 탐심에 대항하는 이 싸움을 어떻게 이해하고 있는지 분명히 보아야 한다. 그는 6-10절에서 탐심에 빠지지 말아야 하는 이유들을 제시한다. 그런 다음 11절에서 디모데에게 돈에 대한 사랑과 부유하고자 하는 열망을 피하라고 권면한다. "오직 너 하나님의 사람아 이것들을 피하고…." 그는 계속해서 탐심에 굴복하기보다는 "의와 경건과 믿음과 사랑과 인내와 온유를" 따르라고 말한다. 그리고 특별한 관심을 기울이기 위해 그 목록에서 '믿음'을 따로 떼어내 12절에서 언급한다. "믿음의 선한 싸움을 싸우라." 그의 말은 본질적으로 "탐심을 피하라 … 믿음의 선한 싸움을 싸우라"는 의미이다.

달리 말해 탐심에 대항하는 싸움은 장래의 은혜에 대한 믿음의 싸움과 다를 바가 없다는 것이다. 이것은 십계명("탐내지 말라")에 순종하는 길은 오로지 믿음으로 가능하다는 것을 보여주는 명백한 증거들 가운데 하나다. 또한 이것은 탐심이 장래의 은혜에 대한 불신앙의 한 형태라는 증거가 되기도 한다.

하나님 안에서의 만족, 즉 장래의 은혜에 대한 믿음을 위해 싸워라

잠시 멈춰 서서 곰곰이 생각해보면, 탐심의 정의가 어떤 의미인지 알게 된다. 탐심은 우리가 무언가를 지나치게 갈망하여 하나님 안에서 만족함을 잃어버리는 것 혹은 하나님 안에서의 만족을 상실하여 다른 곳에서 만족을 찾기 시작하는 것이라고 했다. 여기에서 말하는 하나님 안에서의 만족이란 곧 믿음이다.

예수님께서 요한복음 6장 35절에서 하신 말씀을 떠올려 보라. "나는 생명의 떡이니 내게 오는 자는 결코 주리지 아니할 터이요 나를 믿는 자는 영원히 목마르지 아니하리라."[25] 여기서 볼 때 예수님을 믿는다는 의미는 그분을 내 영혼의 갈함과 내 마음의 열망을 만족시키시는 분으로 경험한다는 뜻이다. 믿음은 예수님 안에서 만족하는 것이다. 믿음의 싸움은 그리스도 안에서 만족한 상태로 거하기 위해 싸우는 싸움이다. 그리스도가 모든 필요와 열망을 만족시키실 것을 진정으로 믿고 그 믿음을 지켜나가는 것이다.

만족스럽지 않은 선물에 대한 감사

바울은 이것이 반드시 싸워야 하는 싸움(딤전 6:12)일 뿐 아니라 꼭 깨달아야 할 비결이라고 했다. "어떠한 형편에든지 나는 자족하기를 배웠노니 나는 비천에 처할 줄도 알고 풍부에 처할 줄도 알아 모든 일 곧 배부름과 배고픔과 풍부와 궁핍에도 처할 줄 아는 일체의 비결을 배웠노라"(빌 4:11-12). 그가 빌립보에 편지를 쓴 이유를 알게 되면 이러한 바울의 증언에 얼마나 큰 영적 힘이 담겨 있는지 드러난다. 그는 빌립보 교회가 재정적 도움을 준 것에 대해 감사하려고 빌립보서 4장을 기록했다. 하지만 바울은 자기 사역의 배후에 감춰진 다른 동기가 있다는 비난 — 사람들의 구원이 아니라 그들의 돈을 원한다는 — 을 꼬집고 있다(고전 9:14-18, 고후 11:7-12, 12:14-18, 살전 2:5-9, 행 20:33). 그는 자기가 사람들의 돈을 원한다는 비난에 대해 조심스럽게 반박하고 있다.

바울은 그 비난을 어떻게 비켜가는가? 빌립보서 4장 10-11절에서 그는 다음과 같이 말한다. "내가 주 안에서 크게 기뻐함은 너희가 나를 생각하던 것이 이제 다시 싹이 남이니 … 내가 궁핍하므로 말하는 것이 아니니라." 달리 표현하면, 바울이 성도들의 도움에 기뻐하는 이유는 그가 하나님 안에서 만족함을 잃어버렸기 때문이 아니라는 말이다. 오히려 그는 정반대로 말한다. "나는 비천에 처할 줄도 알고 풍부에 처할 줄도 알아 모든 일 곧 배부름과 배고픔과 풍부와 궁핍에도 처할 줄 아는 일체의 비결을 배웠노라." 바울이 그들의 도움에 감사하는 것은 불만에서 기인한 것이 아님을 말하고 있다.

바울은 다음 부분(빌 4:15-17)에서 동일한 문제를 언급하고 있다. 그는 빌립보 교회가 반복해서 자신을 후원해준 유일한 교회였음에 감사했다. "빌립보 사람들아 너희도 알거니와 복음의 시초에 내가 마게도냐를 떠날 때에 주고 받는 내 일에 참여한 교회가 너희 외에 아무도 없었느니라 … 내가 선물을 구함이 아니요 오직 너희에게 유익하도록 풍성한 열매를 구함이라." 여기에서 바울은 다시금 자신이 탐심을 가졌다는 비난을 비껴간다. "나는 당신들이 후원해준 것을 기쁘게 여긴다…하지만 오해하지 말기 바란다. 내 말이 마치 내가 당신들의 도움을 더 원하는 것처럼 들린다면, 그것은 심각한 오해다."

바울은 앞에서 그들의 도움 없이 만족하는 비결을 배웠다(11-12절)고 말했지만, 여기에서는 자신이 누리고 있는 기쁨이 그들에게 유익이 된다고 말했다. "오직 너희에게 유익하도록 풍성한 열매를 구함이라." 바울이 아닌 그들이 관용과 구제에 더욱 풍성해지기 때문이다. 예수님께서 말씀하신 대로, 그들은 어려운 자들에게 자기 것을 아낌없이 나눠줌으로써 하늘에 자신들을 위한 보물을 쌓아두었다(눅 12:33).

따라서 바울은 우선 감사의 표현을 한 후에 이렇게 말한다. "오해하지 말아라. 나는 불평하지 않는다"(빌 4:11을 보라). 그리고 두 번째 감사의 표현을 한 다음, 이렇게 말한다. "오해하지 말아라. 내가 진심으로 구하는 것은 너희들이 복을 받는 것이다"(빌 4:17을 보라). 이것은 사랑과 만족이 동전의 앞뒷면과 같음을 보여준다.

사랑은 "자기의 유익을 구하지 않는다"(고전 13:5). 사랑은 "남의 유익"을 구한다(고전 10:24). 바울은 바로 그런 사랑을 실천하고 있었다. "내가 선물을 구함이 아니요 오직 너희에게 유익하도록 풍성한 열매를 구함이라." 이러한 사랑은 만족에서 비롯되었다. "어떠한 형편에든지 나는 자족하기를 배웠노니." 그러므로 바울은 앞으로 받게 되는 연보나 도움이 아니라, 그들이 긍휼을 베푸는 가운데 얻게 될 유익을 구한다. 사랑의 원인은 이와 같이 만족에 있다.

그리스도를 통해 내가 모든 일을 할 수 있다

이러한 만족은 어디에서 오는가? 빌립보서 4장 13절에 해답이 있다. "내게 능력 주시는 자 안에서 내가 모든 것을 할 수 있느니라." 하나님께서 매일 공급해 주시는 장래의 은혜로 바울은 모든 일에 배부르고 배고픔과 풍부와 궁핍의 때에도 일체의 비결을 배울 수 있게 되었다. "모든 것"이란 단순히 쉬운 일만 가리키지 않는다. 말 그대로 모든 일이다. "그리스도를 인해 배고프고 고통스럽고 궁핍한 상태에서도 얼마든지 지낼 수 있다"는 말이다.

이와 같은 바울의 생각은 19절의 멋진 약속을 제대로 이해하도록 빛을 비춰준다. "나의 하나님이 그리스도 예수 안에서 영광 가운데 그 풍성한 대로 너희 모든 쓸 것을 채우시리라." "모든 쓸 것"이란 말은 빌립보서 4장 14절에 비춰볼 때 어떤 의미인가? 그것은 "하나님께 영광을 돌려드리는 만족을 위해 너희에게 필요한 모든 것"이라는 의미다. 빌립보 사람들을 향한 바울의 사랑은 하나님 안에서 누리는 그의 만족으로부터 흘러나왔다. 또한 그의 만족은 하나님께서 조금의 오차도 없이 공급하실 장래의 은혜에 대한 믿음으로부터 흘러나왔다.

이제 탐심이 믿음의 정반대라는 사실이 확연히 드러났다. 탐심은 그리스도 안에서 만족하지 못하고 자신의 마음의 갈망들을 만족시키기 위해 다른 것들을 간절히 원하는 것이기 때문이다.

탐심과의 싸움은 불신앙을 대적하는 싸움이며 장래의 은혜에 대한 믿음을 위한 싸움이다. 마음속에 조금이라도 탐심이 생겨나는 것을 느낄 때마다, 우리는 믿음의 모든 병기들을 사용해서 강력하게 탐심을 공격해야 한다.

탐심에 대한 경고들

바울은 믿음을 위한 주된 연료가 하나님의 말씀 ― "나의 하나님이 … 채우시리라"는 약속을 보라 ― 이라는 것을 분명히 알고 있었다. 그러므로 탐심이 욕심으로 가득 찬 머리를 들고 기어올 때, 우리는 자신을 향해서 하나님의 말씀을 들려주어야 한다.

우리는 무엇이 탐심에서 말미암으며 탐심이 얼마나 위험한 것인가에 대한 경고에 귀를 기울여야 한다. 또한 영혼을 놀랍게 만족시키며 우리가 사랑할 수 있도록 힘을 주시는 장래의 은혜에 포함된 약속들을 계속 들어야 한다.

탐심에 대한 몇 가지 경고들을 생각해보자. 다음의 경고들은 당신이 탐심을 물리치는 약속들에 의지하는 데 도움이 될 것이다.

1. 탐심은 결코 만족을 주지 못한다

하나님은 전도서 5장 10절에서 "은을 사랑하는 자는 은으로 만족하지 못하고 풍요를 사랑하는 자는 소득으로 만족하지 아니하나니 이것도 헛되도다"라고 말씀하신다. 하나님의 말씀은 재물을 사랑하는 자들이 그것으로 인해 만족을 누리지 못한다는 것을 우리에게 가르친다. 하나님을 사랑한다면 우리는 재물에 대한 사랑에서 돌아서야 한다. 그 길을 걸어가면 막다른 골목에 다다른다.

예수님은 누가복음 12장 15절에서 이렇게 말씀하셨다. "삼가 모든 탐심을 물리치라 사람의 생명이 그 소유의 넉넉한 데 있지 아니하니라." 물질을 많이 소유한다고 만족하는 삶을 사는 게 아니다. 부유하지만 불행한 사람이 많다는 사실을 통해 이를 알 수 있다. 부유한 많은 사람들은 샌디에고의 코로나도 다리에서 뛰어내려 자살한다. 정반대로 가난한 사람들은 뉴욕의 브룩클린 다리에서 많이 뛰어내린다.

2. 탐심은 영적인 삶을 질식시킨다

예수님은 흙에 관한 비유를 말씀하시며(막 4:1-20), "더러는 가시떨기에 떨어지매 가시가 자라 기운을 막으므로 결실하지 못하였[다]"고 말씀하셨다. 그리고 나중에 그 비유를 제자들에게 해석하시며 씨는 하나님의 말씀이라고 하셨다. 또 씨가 자라지 못하게 막은 가시가 무엇인지도 설명해주셨다. "세상의 염려와 재물의 유혹과 기타 욕심이 들어와 말씀을 막아 결실하지 못하게 되는 자요"(막 4:19). 탐심은 하나님의 말씀에 대적하는 '세상 것들을 향한 열망'이다.

진짜 싸움은 하나님의 말씀이 선포될 때에 최고조에 달한다. '세상의 다른 것들을 향한 열망'이 너무 강해 영적인 삶은 시작하기도 전에 철저히 봉쇄될 수도 있다. 우리는 언제나 그러한 두려운 경고들을 항상 염두에 두고 바짝 긴장해야 한다. 우리가 하나님의 말씀을 들을 때 그것을 탐심으로 가로막지 말고 믿음으로 받아들여야 한다. 예수님께서는 씨의 비유를 말씀하신 후에 다음과 같은 결론을 내리셨다. "그러므로 너희가 어떻게 들을까 스스로 삼가라"(눅 8:18).

3. 탐심은 무수히 많은 죄를 낳는다

바울이 "돈을 사랑함이 일만 악의 뿌리가 되나니"(딤전 6:10)라고 말한 데에는, 하나님이 아닌 재물(돈)에서 만족을 구하는 마음은 곧 다른 모든 종류의 죄악을 만들어내기 시작한다는 의미가 내포되어 있다. 야고보도 이러한 예를 제시했다. "너희는 욕심을 내어도 얻지 못하여 … 다투고 싸우는 도다"(약 4:2). 바울이 고백한 것처럼 힘들 때든지 또는 편할 때든지 항상 만족한다면 우리는 이처럼 다투고 싸우는 일에

휘말리지 않게 될 것이다. 탐심은 모든 죄들을 양산해내는 사육장이다. 그러므로 바울은 온 힘을 다하여 탐심에서 벗어나고 모든 힘을 다해 하나님 안에서 만족하도록 싸우라고 경고하는 것이다.

4. 탐심은 가장 도움이 필요한 순간에 당신을 넘어뜨린다

탐심은 우리가 죽음을 맞이할 때에도 우리를 넘어뜨린다. 바울은 디모데전서 6장 7절에서 이렇게 말한다. "우리가 세상에 아무것도 가지고 온 것이 없으매 또한 아무것도 가지고 가지 못하리니." 우리에게 닥친 가장 위험한 위기의 순간에, 다른 어느 때보다도 만족과 소망과 안전이 필요할 그때, 우리가 소유한 재물(돈)과 모든 세상 신뢰들은 날개를 달고 멀리 날아가 버릴 것이다. 그 결과 돈과 재물은 우리를 넘어뜨린다. 우리가 정작 가장 어려울 때에 전혀 도움이 되지 않는 것들이다. 다만 우리는 하나님 안에서 가졌던 만족만을 가지고 영원의 시간 속으로 들어가게 될 것이다.

우리가 이 순간 죽음을 맞이한다면, 우리는 하나님 안에서 누린 만족을 갖고 그 앞에 나아가겠는가 아니면 탐심이 차지하고 있었던 텅빈 마음 — 영적 공동空洞 — 만을 가지고 그 앞에 서겠는가? 탐심은 우리가 가장 도움이 필요한 순간에 우리를 넘어뜨린다.

5. 결국 탐심은 영혼을 파멸시킨다

디모데전서 6장 9절에서 바울은 다시금 말한다. "부하려 하는 자들은 시험과 올무와 여러 가지 어리석고 해로운 욕심에 떨어지나니 곧 사람으로 파멸과 멸망에 빠지게 하는 것이라." 결국 탐심은 영혼을 지옥 속에서 파멸시킬 것이다. 내가 이러한 영혼의 파멸을 확신하는 이유는, 바울은 12절에서 이 땅에서 당하는 일시적인 낭패가 아니라 지옥에서 당하는 최종적인 파멸에 대해 말했기 때문이다. 그는 믿음의 싸움으로 탐심을 대적하라고 말한다. 그러고 나서 다음과 같은 내용을 덧붙였다. "영생을 취하라 이를 위하여 네가 부르심을 받았고 많은 증인 앞에서 선한 증언을 하였도다." 탐심을 피하고 장래의 은혜에 대한 믿음을 위한 싸움을 싸울 때 가장 문제가 되는 것은 영원한 생명이다.

따라서 바울이 디모데전서 6장 9절에서 부하려 하는 자들이 결국엔 파멸과 멸망에 빠진다고 말할 때, 그는 단순히 탐심이 당신의 가정생활이나 사업을 망쳐버린다는 정도로 말하는 것이 아니다. 그는 탐심이 당신의 영원한 생명을 파멸시킬 수 있음을 말하고 있다. 10절에서 바울은 이렇게 말한다. "돈을 사랑함이 일만 악의 뿌리가 되나니 이것을 탐내는 자들은 미혹을 받아 믿음에서 떠나 많은 근심으로써 자기를 찔렀도다."

하나님은 성경 말씀을 통해 여기에서 더 나아가신다. 누군가가 탐심의 길로 빠져들 때 이는 결코 이길 승산이 없는 싸움을 하는 것이라고 인자하게 경고하신다. 그것은 도무지 빠져나갈 수 없는 막다른 골목길과 같다. 그것은 속임수이자 함정이다. 따라서 내가 해주고 싶은 말은 디모데전서 6장 11절 말씀이다. "이것들을 피하라." 그런 것들이 다가오는 것을 보거든(TV나 크리스마스 전단지 등을 통해서), 오랫동안 굶주린 사자를 피하여 도망치듯이 도망쳐야 한다. 그렇다면 우리는 어디로 피해야 하는가?

탐심을 끝장내는 날카로운 검

당신은 믿음의 병기고로 달려가 재빨리 시편 119장 36절로부터 기도의 망토를 취해야 한다. "내 마음을 주의 증거들에게 향하게 하시고 탐욕으로 향하지 말게 하소서." 이 구절을 다르게 표현하면 다음과 같다. "내 마음에 강한 능력을 가져다 줄 장래의 은혜를 내게 허락하소서. 당신의 진리에 대한 열망을 주셔서 세상 것들에 대한 욕망의 힘을 무력하게 하소서."

하나님께서 베푸시는 장래의 은혜가 없다면 우리의 마음은 단지 돈과 재물만을 추구하게 될 것이다. 우리는 하나님께서 우리 마음에 그분의 말씀을 사모하는 영을 허락해주시기를 구해야 한다. 하나님의 말씀에는 탐심에 대한 승리가 약속되어 있다.

이렇게 탐심에 대항할 기도의 망토를 걸친 후에 우리는 하나님 말씀의 병기고에서 두 개의 검을 취해야 한다. 하나는 단검이고 다른 하나는 장검이다. 그것들은 특별히 탐심을 제거하기 위해 성령님께서 친히 만드신 것이다. 우리는 마음의 문 앞에 서서 굳건히 그 문을 지켜야 한다. 탐심이라는 사자가 흉악한 얼굴을 내보이면, 먼저 디모데전서 6장 6절이라는 단검으로 대적해야 한다. "그러나 자족하는 마음이 있으면 경건은 큰 이익이 되느니라."

우리는 그 진리를 각자의 영혼을 향해 선포하고, 또 공격해오는 탐심을 그 단검으로 찔러야 한다. "큰 이익! 지족하는 마음이 있으면 경건이 큰 이익이 된다! 탐심의 사자야, 그 자리에 머물러라. 나는 하나님 안에서 만족할 때 큰 이익을 얻었다. 바로 지금 하나님께서 나의 보화이시며, 앞으로도 영원토록 그러하실 것이다. 이것은 장래의 은혜에 대한 나의 믿음이다. 내 앞에서 사라져라!"

그럼에도 불구하고 탐심의 사자가 고집스럽게 그 자리에 남아 있다면 긴 장검을 꺼내야 한다. "돈을 사랑하지 말고 있는 바를 족한 줄로 알라 그가 친히 말씀하시기를 내가 결코 너희를 버리지 아니하고 너희를 떠나지 아니하리라 하셨느니라 그러므로 우리가 담대히 말하되 주는 나를 돕는 이시니 내가 무서워하지 아니하겠노라 사람이 내게 어찌하리요 하노라"(히 13:5-6). 장래의 은혜에 담겨 있는 이러한 충만한 약속을 의지하고, 장검으로 탐심이라는 사자의 가슴을 찔러라. 바울이 골로새서 3장 5절에서 말한 그대로 행해야 한다. "그러므로 땅에 있는 지체를 죽이라 곧 음란과 부정과 사욕과 악한 정욕과 탐심이니 탐심은 우상 숭배니라."

형제 자매들이여, 탐심은 장래의 은혜를 믿지 못하는 불신앙이다. 선한 믿음의 싸움을 싸우기 위해 성령의 검을 사용하는 방법을 배우라. 그리고 영원한 생명을 주는 장래의 은혜 위에 굳건히 서자.

내 사랑하는 자들아 너희가 친히 원수를 갚지 말고
하나님의 진노하심에 맡기라
기록되었으되 원수 갚는 것이 내게 있으니
내가 갚으리라고 주께서 말씀하시니라

로마서 12장 19절

다른 사람들의 지각없는 행동들을 모르는 체 할 수 없다.
그렇다고 우리가 법적인 제재를 가할 수도 없다.
우리에게는 도덕 주기를 완성할 권한은 없다.
비록 우리가 불법에 항거하여 소리를 높일지라도,
영적으로 우리를 막는 것이 없을지라도,
우리가 직접 정의를 집행하려고 시도하는 그 순간에
우리의 윤리적 삶의 순수성은 퇴보한다.

에드워드 존 카넬

비통한 어두운 골짜기를 걷는 호흡으로는
장래의 은혜로 사는 높은 믿음의 길을 걸어갈 수 없다.
원한은 자기 연민과 두려움과 공허함 같은 헛된 것들을
요구한다. 그것들은 장래의 은혜를 베푸시는
용서의 하나님 안에서 만족할 때 비롯되는
만족과 확신 그리고 충만한 기쁨을 견디지 못한다.

6장

비통함에 맞서
싸우기

장래의 정의에 대한 믿음이란?

하나님께서 우리의 원수에게 내릴 심판은 우리를 향한 장래의 은혜의 행위인가? 이는 매우 중요한 질문이다. 이 책의 주된 초점은 장래의 은혜에 대한 믿음으로 살아가는 사람들을 돕는 것이기 때문이다. 내가 신약 성경에서 발견한, 비통함과 복수심을 극복하는 한 가지 강력한 방법은 하나님께서 우리의 원한을 갚아주실 것이므로 우리 스스로 그런 일을 행할 필요가 없다는 약속을 굳게 믿는 것이다. 신약 성경은 하나님께서 우리를 위해 반드시 원한을 갚아주실 것을 믿기에 우리가 원수를 갚으려는 마음으로부터 자유로워진다고 가르친다.

그렇다면 내가 묻고 싶은 질문은 이것이다. 하나님의 원수 갚으심을 믿는 것은 장래의 은혜에 대한 믿음의 증거인가, 아니면 장래의 정의 future justice 에 대한 믿음일 뿐인가? 이에 대한 나의 대답은, 하나님의 심판에 대한 이러한 믿음이 장래의 은혜에 대한 믿음의 또 다른 형태라는 것이다. 장래의 은혜에 대한 믿음으로 살아가는 일에는 하나님께서 우리의 원한을 공정하게 풀어주실 것을 믿음으로써 복수하려는 마음과 비통함을 극복하는 것도 포함된다.

하나님께서 장래에 베푸실 공의에 관한 약속에 대해 잠시 생각해보자. 요한계시록 18장에는 세상에 속한 적그리스도의 세력들을 하나님이 심판하시는 장면이 묘사되고 있다. 그들은 종종 '바벨론'이라 불리는데 이는 하나님의 백성들에 대한 그들의 적개심을 나타내는 것이다. 또한 그들의 부도덕성을 나타내기 위해 '큰 음녀'라고 불리기도 한다. 이들로 인해 그리스도인들은 비통함과 분노를 경험한다. 그런 대적자들은 부도덕함 속에서 하나님의 법을 조롱하고 믿는 자들의 피를

흘린다. 더 나아가 그들은 끝까지 뉘우치지 않는다. 요한은 계시록에서 이렇게 말하고 있다. "선지자들과 성도들과 및 땅 위에서 죽임을 당한 모든 자의 피가 그 성 중에서 발견되었느니라"(계 18:24). 바벨론은 "음행으로 땅을 더럽게 한 큰 음녀"(계 19:2)였다. 그리스도인들은 이러한 부도덕성과 핍박에 어떻게 반응해야 하는가?

예수님은 이 땅에 계실 때 "너희 원수를 사랑하며 너희를 박해하는 자를 위하여 기도하라"(마 5:44)고 명령하셨다. 그 다음 절에는 예수님께서 이러한 명령을 주신 이유가 기록되어 있다. "이같이 한즉 하늘에 계신 너희 아버지의 아들이 되리니 이는 하나님이 그 해를 악인과 선인에게 비추시며 비를 의로운 자와 불의한 자에게 내려주심이라"(마 5:45).

하나님께서는 이 땅에서 살아가는 모든 자들, 부도덕한 자들과 잔인한 자들에게도 많은 복을 주신다. 바울은 진정한 하나님에 대해 전혀 들어보지 못했던 이방인들에게 이렇게 말했다. "곧 여러분에게 하늘로부터 비를 내리시며 결실기를 주시는 선한 일을 하사 음식과 기쁨으로 여러분의 마음에 만족하게 하셨느니라"(행 14:17). 하나님께서는 이러한 모든 일들을 통해, 죄악 가운데 거하는 자들에게도 "인자하심과 용납하심과 길이 참으심"을 보여주심으로써 모든 민족들로 하여금 회개하게 하신다(롬 2:4). 예수님은 이러한 일들 속에서 하나님 아버지를 닮아가라고 우리에게 명하셨다. "오직 너희는 원수를 사랑하고 선대하며 아무것도 바라지 말고 꾸어 주라 그리하면 너희 상이 클 것이요 또 지극히 높으신 이의 아들이 되리니 그는 은혜를 모르는 자와 악한 자에게도 인자하시니라 너희 아버지의 자비로우심 같이 너희도 자비로운 자가 되라"(눅 6:35-36).

그런 자들이 믿음을 받아들일 것이라는 소망으로, 우리는 바울과 동일한 마음 상태를 유지해야 한다. "내 마음에 원하는 바와 하나님께 구하는 바는… 곧 그들로 구원을 받게 함이라"(롬 10:1). 우리가 그리스도인이라는 이유로 핍박을 받으면, 다른 뺨까지 돌려 대야 하고(마 5:39), 우리를 저주하는 자를 위하여 축복하며(눅 6:28), 악을 악으로 갚지 말아야 한다(살전 5:15, 벧전 3:9). 더 나아가 할 수 있거든 모든 사람과 더불어 화목해야 한다(롬 12:17-18).

장래의 심판이 곧 장래의 은혜이기도 하다

그러나 하나님의 오래 참으심이 끝나는 때가 반드시 올 것이다. 하나님께서는 일정한 시간 동안 자신의 백성들이 고난당하는 것을 바라보시다가 순교자의 수가 그분의 정하신 수준까지 차면(계 6:11), 하늘로부터 극심한 심판을 임하게 하신다. 바울은 이를 다음과 같이 묘사했다. "너희로 환난을 받게 하는 자들에게는 환난으로 갚으시고 환난을 받는 너희에게는 우리와 함께 안식으로 갚으시는 것이 하나님의 공의시니 주 예수께서 자기의 능력의 천사들과 함께 하늘로부터 불꽃 가운데에 나타나실 때에 하나님을 모르는 자들과 우리 주 예수의 복음에 복종하지 않는 자들에게 형벌을 내리시리니"(살후 1:6-8). 하나님께서 우리의 원수들에게 내리시는 형벌이 우리에게는 "안식"으로 경험된다는 것을 주목하라. 달리 말하자면 우리로 "환난 받게 하는 자들"에게 내리는 심판이 우리를 향한 은혜의 한 형태라는 것이다.

예수님은 불의한 재판관에 대한 비유에서 이와 유사한 진리를 가르쳐주셨다. 한 과부가 "자주 그에게 가서 내 원수에 대한 나의 원한을 풀어 주소서"라고 말했다(눅 18:3). 결국 그

재판관은 귀찮은 나머지 자신의 고집을 꺾고 과부의 소원을 들어주었다. 예수님은 그 이야기를 이렇게 해석해주신다. "하물며 하나님께서 그 밤낮 부르짖는 택하신 자들의 원한을 풀어 주지 아니하시겠느냐 그들에게 오래 참으시겠느냐 내가 너희에게 이르노니 속히 그 원한을 풀어 주시리라"(눅 18:7-8). 고통 속에 있던 과부는 안식하게 되었다. 하나님의 원수들에게 임하는 장래의 정의는 하나님의 백성들을 위한 장래의 은혜로 그려진다.

심판이 은혜임을 가장 뛰어나게 그려내고 있는 것은 요한계시록 18장에 있는 바벨론의 멸망에 관한 묘사일 것이다. 바벨론이 무너질 때 하늘에서 큰 음성이 울려 퍼진다. "하늘과 성도들과 사도들과 선지자들아, 그로 말미암아 즐거워하라 하나님이 너희를 위하여 그에게 심판을 행하셨음이라"(계 18:20). 그런 후에 허다한 무리의 큰 음성이 들려온다. "할렐루야 구원과 영광과 능력이 우리 하나님께 있도다 그의 심판은 참되고 의로운지라 음행으로 땅을 더럽게 한 큰 음녀를 심판하사 자기 종들의 피를 그 음녀의 손에 갚으셨도다"(계 19:1-2).

하나님의 오래 참으심은 인고의 과정을 지낸 후, 이 세대가 끝나면서 하나님의 사람들을 대적했던 원수들에게는 심판이 내린다. 성도들은 하나님의 공의를 기쁨으로 받아들일 것이다. 그들은 하나님을 향해서 불평하지 않는다. 그와 반대로 사도 요한은 성도들에게 '즐거워'하고 '할렐루야'를 외치라고 요청한다. 이것은 회개하지 않은 자들의 최종적인 멸망이 하나님의 백성들에게 고통으로 경험되지 않을 것을 의미한다. 믿지 않는 자들의 회개하지 않는 고집스러운 태도는 성도들의 감정을 볼모로 잡아두지 못할 것이다. 지옥은 결코 하나님의 나라에 대해 공갈하거나 협박하지 못할 것이다. 하나님께서는 심판을 집행하실 것이며, 성도들은 진리의 변론을 위대한 은혜로 경험하게 될 것이다.

조나단 에드워즈는 지금으로부터 250년 전에 요한계시록 18장 20절을 다음과 같이 주해했다. "참으로 [성도들은] 자신의 원수를 마음대로 갚으며 즐거워하도록 부르심 받지 않았다. 오히려 하나님의 정의가 집행되는 것을 목격하며 자신들을 향한 하나님의 사랑과 다정함을 바라보며 기뻐하도록 부르심 받았다. 성도들을 향한 하나님의 마음은 그들의 원수들에 대한 그분의 맹렬함에서 명백하게 드러났다."[26] 이런 사실은 요한계시록 19장 2절에 강조되어 있다. "그의 심판은 참되고 의로운지라." 우리의 질문에 대한 에드워즈의 대답은 하나님의 최종 심판이 그분의 백성들에게 장래의 은혜라는 것이다. 그는 이렇게 말한다. "하나님의 백성들이 학대를 당하며 손상을 입을 때, 그들에 대한 하나님의 위대한 사랑의 본보기로 그분의 진노가 원수들에게 임하는 일은 성경에 자주 언급되어 있다. 그래서 그리스도는 이렇게 약속하셨다. '누구든지 나를 믿는 이 작은 자 중 하나를 실족하게 하면 차라리 연자 맷돌이 그 목에 달려서 깊은 바다에 빠뜨려지는 것이 나으니라'(마 18:6)."[27]

약속: 원수 갚는 것이 내게 있느니 내가 갚으리라

하나님의 심판이라는 장래의 은혜는 우리가 복수와 비통함의 마음을 극복할 수 있도록 도와주는 수단으로 약속되어 있다. 예를 들어 로마서 12장 19-20절에서 바울은 말한다. "내 사랑하는 자들아 너희가 친히 원수를 갚지 말고 하나님의 진노하심에 맡기라 기록되었으되 원수 갚는 것이 내게 있으니 내가 갚으리라고 주께서 말씀하시니라 네 원수가 주리거든 먹이고 목마르거든 마시게 하라 그리함으로 네가 숯불을 그 머리에 쌓아 놓으리라."

바울은 원수 갚는 것이 하나님께 있기 때문에, 우리가 원수를 친히 갚지 말라고 주장한다. 그는 복수하려는 열망을 내려놓도록 우리에게 동기를 부여하기 위해 한 가지 약속을 제시한다. 우리는 그 약속을 장래의 은혜에 대한 약속이라고 알고 있다. "내가 갚으리라고 주께서 말씀하시니라." 우리를 대신해서 원수를 갚으신다는 그분의 약속은, 용서하지 못하고 비통하며 앙갚음하려는 마음에서 우리를 자유롭게 하신다. 그분은 우리가 할 수 있는 것보다 훨씬 더 정의롭고 더욱 철저히 원수 갚는 일을 행하실 것이다. 따라서 우리는 뒤로 물러나 "하나님께서 역사하실 자리"를 남겨드려야 한다.

정의가 실행되기를 원하는 것이 잘못인가?

비통함과 복수로 기울어지는 우리의 성향을 극복하기 위해 이것이 결정적인 약속으로 제시되는 이유는 무엇인가? 분노 뒤에 감추어진 가장 강력한 충동에 대한 답을 이 약속이

제시하고 있기 때문이다.

나는 이에 대해 신학교 시절의 경험을 바탕으로 설명할 수 있다. 나는 부부들을 위한 소그룹 모임에 참여했었다. 언제부터인가 우리는 상당히 깊은 개인적인 일까지 말하기 시작했다. 어느 날 우리가 용서와 분노에 관해 토론하던 때였다. 어느 젊은 부인이 말하기를, 어릴 적에 어머니가 자기에게 가했던 어떤 일 때문에 절대 그녀를 용서할 수도 없고 용서하지도 않을 것이라고 했다. 우리는 용서하지 않는 마음에 관련된 성경의 명령과 경고들에 대해 이야기를 나누었다. "서로 친절하게 하며 불쌍히 여기며 서로 용서하기를 하나님이 그리스도 안에서 너희를 용서하심과 같이 하라"(엡 4:32). "너희가 사람의 잘못을 용서하지 아니하면 너희 아버지께서도 너희 잘못을 용서하지 아니하시리라"(마 6:15; 마 18:34-35, 막 11:25, 눅 17:4, 고후 2:7도 보라). 하지만 그녀는 결코 태도를 바꾸지 않았다. 나는 그녀에게 그렇게 용서하지 않는 비통함을 갖고 있으면 그녀의 영혼이 위험에 처할 것이라고 경고했다. 그러나 그녀는 단호한 자세를 굽히지 않았다.

이와 같은 경우에 그렇게 강력한 힘으로 분노하게 되는 것은 자신에게 해를 입힌 사람이 용서받을 만한 가치가 없다고 여기기 때문이다. 불만과 불평이 너무 깊이 박혀 있고, 자기 눈에는 그것이 너무나 정당하게 보이므로, 자신의 독선뿐만 아니라 도덕적인 격분마저도 그가 가진 분노를 강화시키는 역할을 한다. 그것을 합리적으로 생각하면 할수록 너무나 확고해진다. 우리 생각에는, 우리가 당한 중대한 악행들이 그저 아무것도 아닌 것처럼 슬그머니 자취를 감추고 지나가게 된다면, 또다시 중대한 범죄가 자행되는 것이다. 우리 마음에는 분열이 일어난다. 우리의 도덕적인 인식으로는 그런 악이 절대 간과되면 안 된다고 항변하고, 하나님의 말씀은 우리가 반드시 용서해야 한다고 말한다.

원한을 품고 있다면, 하나님의 심판을 의심하는 것이다

에드워드 존 카넬 Edward John Carnell 은 자신의 통찰력을 잘 드러낸 『그리스도인의 헌신』 Christian Commitment 이라는 책에서 자신의 도덕적 격분과 용서 사이에서의 갈등을 '법적 곤경'에 처했다는 말로 표현했다. 그는 이렇게 말했다. "우리는 다른 사람들의 지각없는 행동들을 모르는 체 할 수 없다. 그렇다고 우리가 법적인 제재를 가할 수도 없다. 우리에게는 도덕 주기週期를 완성할 권한은 없다. 비록 우리가 불법에 항거하여 소리를 높일 지라도, 영적으로 우리를 막는 것이 없을지라도, 우리가 직접 정의를 집행하려고 시도하는 그 순간에 우리의 윤리적 삶의 순수성은 퇴보한다."[28] 그럼에도 불구하고 우리가 느끼는 분노는 언제나 우위를 차지하고 공격을 늦추지 않는다. 왜냐하면 악한 행위를 가볍게 여기는 것이 도덕적으로 불쾌하기 때문이다.

이제 우리는 하나님의 심판에 관한 성경의 약속이 원수를 갚으려는 이러한 열망을 극복하는 데에 왜 그토록 중요한지 그 이유를 알 수 있다. '법적 곤경'에서 벗어날 길을 거기에서 찾을 수 있다. 하나님께서 대신 복수하신다. 우리는 그러한 범죄가 있음을 인식하고 인정하지만 재판관이 될 필요는 없는 것이다. 하나님께서 원수를 갚아주시겠다는 약속은 복수하려는 우리의 개인적인 열망들이 더 이상 합리적이지 않도록 만든다. 하나님의 약속은 이렇게 말한다. "그래, 너를 해치려는 불법이 자행되었다. 그래, 그런 악행은 엄격하게 처벌받아야 마땅하다. 그래, 너를 해치려던 가해자는 아직 처벌을 받지 않았다. 하지만 너는 그를 처벌할 수 없고 개인적인 보복을 가해서도 안 된다. 하나님이 반드시 공의를 실현하실 것이기 때문이다. 하나님께서 갚아주실 것이다. 너는 하나님의 공의를 향상시킬 수 없다. 하나님께서는 너를 해하려는 악행들을 샅샅이 알고 계신다. 네가 볼 수 있는 것보다 훨씬 멀리 보실 수 있다. 그의 공의는 네가 집행할 수 있는 어떤 정의보다 더욱 철저하고 완전하다." 당신이 원한을 품고 있다면, 당신은 하나님의 심판을 의심하고 있는 것이다.

이것이 로마서 12장 19절에 담긴 내용이다. 이제 분노에 쌓여 있고 상한 감정을 가진 이들에게 "이 약속을 믿는가?"라는 질문이 던져진다. 즉 더는 원한을 품지 않고 그것을 내버리는 문제는 하나님께서 주신 장래의 은혜 — 나에게 해를 끼치는 자에게 임하는 장래의 심판이라는 은혜 — 의 약속에 대한 믿음의 문제라는 것이다.

"원수 갚는 것이 내게 있으니 내가 갚으리라"는 하나님의 약속을 믿는다면, 우리는 각자의 미약한 노력으로 하나님의 공의를 증진시킴으로써 그분을 얕잡아보려는 잘못을 범하지 않게 될 것이다. 우리는 그 문제를 하나님께 맡겨 드리고 원수들까지 사랑하는 자유로움 속에서 살아가야 한다. 원수들이 잘못을 뉘우치든 그렇지 않든 간에 말이다. 그가 뉘우치지 않는다면, 그때는 어떻게 해야 하는가? 3백 년 전에 토마스 왓슨Thomas Watson은 이렇게 말했다. "우리는 원수를 신뢰할 의무가 없다. 하지만 우리는 원수를 용서해야 할 의무를 갖고 있다."²⁹ 우리에게는 화해를 이루어내야 하는 책임은 없다. 그렇지만 그 화해를 구해야 할 책임은 있다. "할 수 있거든 너희로서는 모든 사람과 더불어 화목하라"(롬 12:18).

예수님은 '법적 곤경'의 문제를 어떻게 해결하실까?

바울은 예수님께서 친히 '법적 곤경'의 문제를 다루셨음을 보여준다. 예수님처럼 가혹하게 죄의 형벌을 경험한 사람은 없었다. 그러나 그분에 대한 모든 악의와 증오는 부당한 것이었다. 그 누구도 예수님처럼 영광 받으시기에 합당하게 살지 못했다. 그분보다 더 큰 치욕을 당한 자 역시 없다. 예수님이라면 분노하고 비통함을 느끼며 복수의 일념에 불타오를 권리가 있지 않았을까? 악하고 비천한 자들이 자기 얼굴에 침을 뱉을 때에 그분은 어떻게 참으셨을까?

베드로는 이렇게 답한다. "그는 죄를 범하지 아니하시고 그 입에 거짓도 없으시며 욕을 당하시되 맞대어 욕하지 아니하시고 고난을 당하시되 위협하지 아니하시고 오직 공의로 심판하시는 이에게 부탁하시며"(벧전 2:22-23).[30] 예수님은 하나님께서 행하실 공의로운 심판이라는 장래의 은혜에 대한 믿음을 갖고 계셨다. 그분은 자신이 당한 모든 경멸과 고통을 스스로 복수하지 않으셨다. 자신의 문제를 하나님께 맡겼기 때문이다. 그분은 원수 갚는 것을 하나님의 손에 맡기고 자기 원수들을 용서해달라고 기도하셨다(눅 23:24).

베드로는 이러한 예수님의 믿음을 우리에게 보여주고 어떻게 살아가야 하는지 배우도록 한다. "이를 위하여 너희가 부르심을 받았으니 그리스도도 너희를 위하여 고난을 받으사 너희에게 본을 끼쳐 그 자취를 따라오게 하려 하셨느니라"(벧전 2:21). 그리스도가 장래의 은혜에 대한 믿음으로 비통함과 복수심을 이기셨다면, 우리는 더욱더 그러해야 한다. 우리는 예수님에 비하면 아무 죄 없이 학대받고 고통받는다고 투덜거리고 원망할 만한 권리가 거의 없기 때문이다.

다른 그리스도인을 용서하기 위한 근거

이제 또 다른 중대한 문제가 떠오른다. 하나님의 심판에 대한 약속을 바라보며 회개하지 않는 원수들에게 원한을 가져서는 안 된다면, 회개한 믿음의 형제자매들을 원망하지 말아야 하는 근거는 무엇인가? 그릇된 죄악에 대한 도덕적인 분노는 상대가 그리스도인이라고 없어지지 않는다. 오히려 더 극심한 배신감을 느낀다. "미안합니다"라는 단순한 한마디는 그의 범죄로 인한 고통과 추악함에 전혀 어울리지 않아 보인다.

이처럼 함께 신앙생활을 하는 그리스도인들에게는 하나님의 진노에 대한 약속이 그대로 적용되지 않는다. "그리스도 예수 안에 있는 자에게는 결코 정죄함이"(롬 8:1) 없기 때문이다. "하나님이 우리를 세우심은 노하심에 이르게 하심이 아니요 오직 우리 주 예수 그리스도로 말미암아 구원을 받게 하심이라"(살전 5:9). 그렇다면 이제 우리는 '법적 곤경'을 벗어나기 위해 어디를 바라보아야 하는가? 공의가 반드시 이루어질 것을 확신 — 기독교 신앙은 죄악의 심각성을 거짓으로 꾸미지 않는다 — 하기 위해 어디로 돌아가야 하는가?

우리는 이 질문에 그리스도의 십자가를 바라보아야 한다고 답해야 한다. 믿는 자들이 우리에게 행한 악한 행동들은 예수님의 죽으심 안에서 지불되었다. 간단히 말했지만, 이 말에는 모든 하나님의 백성들이 범하는 모든 죄악이 예수님께 전가되었다는 놀라운 진리가 담겨 있다(사 53:6, 고전 15:3, 갈 1:4, 요일 2:2, 4:10, 벧전 2:24, 3:18). 그리스도의 고난은 내가 동료 그리스도인들로부터 받은 모든 상처들에 대한 보상인 것이다(롬 4:25, 8:3, 고후 5:21, 갈 3:13).

따라서 기독교 신앙은 결코 죄를 가볍게 여기지 않는다. 또한 우리가 받은 상처를 놀리지도 않는다. 그와 반대로 기독교 신앙은 믿는 자들에게 가해지는 죄악을 상당히 심각하게 여긴다. 우리에게 범죄한 사람들에게 우리 스스로 가할 수 있는 것보다 더욱 극심한 고통을, 하나님은 외아들 예수님으로 하여금 당하게 하셨다. 모든 죄에 대한 대가는 지옥이나 십자가에서 엄격하고 철저하게 그리고 공정하게 갚아질 것이다. 회개하지 않은 자들의 죄는 지옥에서 갚아질 것이고, 회개한 자들의 죄는 십자가 위에서 갚아질 것이다.

그러므로 우리는 믿는 자들이나 믿지 않는 자들에 대해 비통함과 원망을 품을 필요나 권리가 없다. 법적 곤경이라는 벽은 무너졌다. 하나님께서는 우리가 당한 악행들을 스스로 보복해야 한다는 도덕적 요구로부터 우리를 구원하기 위해 개입하셨다. 그분은 "원수 갚는 것이 내게 있으니 내가 갚으리라"는 약속대로 놀랍게 그 일을 행하셨다. 하나님을 믿는다면 우리는 스스로 원수를 갚으려는 생각을 품지 말아야 한다.

오히려 우리는 우리가 아닌 하나님께서 모든 악행들을 바로잡으시리라는 확신 속에 살아감으로써 십자가의 충족성과 지옥의 두려운 공의를 영광스럽게 드러내야 한다. 우리의 몫은 사랑하는 것이다. 하나님께서는 공의롭게 우리의 원한을 풀어주실 것이다. 장래의 은혜에 대한 믿음은 자유와 용서에 이르는 열쇠다.

지나간 과거의 은혜: 필요하지만, 충분하지 않다

십자가는 과거에 일어난 사건이다. 나는 갈보리를 향한 과거 지향적인 시각은 장래의 은혜에 대한 우리의 믿음을 유지하는 데 지극히 중요하다는 것을 간절한 마음으로 확신한다.

예를 들어, 아내가 혹독한 말로 내 마음에 상처를 주었다 해도 거기에 반발하고 똑같이 반응할 필요는 없다. 보복할 필요도 없다. 왜냐하면 그녀의 잘못은 예수님께 부과되었고, 그분은 놀랍게도 아내를 위해 그리고 나를 위해 그 잘못을 담당하고 고통을 당하셨기 때문이다.

예수님께서는 자신에게 그리고 나에게 저질러진 잘못을 아주 진지하게 담당하셨고, 그러한 잘못이 악하다는 것을 드러내고 내 아내의 죄책감을 제거하기 위해 죽음을 당하셨다. 이러한 사실이 나로 하여금 원한을 품지 않게 하고 나를 자유롭게 하다면, 나는 지난 과거를 돌아보며 십자가 위에서 죽임당하신 그 사건이 일어났음을 믿어야만 한다. 과거 지향적인 시각은 필수적이다. 이 책에서 강조하는 요점 — 장래의 은혜에 대한 믿음으로 살아가기 — 은 과거의 은혜를 무효로 만들지 않는다.

하지만 과거 지향적인 시각은 그 자체로는 충분하지 않다. 예수님께서 십자가에서 성취하신 은혜는 영원히 지속된다. 나는 그 사실을 확신해야 한다. 나에게 자행된 죄악들을 소멸시키신 갈보리의 은혜는 나와 내 아내를 그리스도 안에서 지켜주시는 장래의 은혜이기도 하다. 그러므로 십자가는 우리 모두를 위해 충분한 능력을 담고 있다. 십자가는 우리가 죄를 자백하면 하나님께서는 미쁘시고 의로우사 우리 죄를 사하실 것(요일 1:9)을 나와 내 아내에게 약속해주는 장래의 은혜다. 다른 말로 하자면 속죄의 십자가로 인한 과거의 은혜는 장래에 반복적으로 고백되고 인정되어야 한다는 것이다. 오로지 장래의 은혜만이 그것을 보증한다.

하나님께서 베푸시는 용서의 능력

나와 내 아내를 잘 아는 사람이라면, 그녀보다는 내가 훨씬 더 많은 용서를 받아야 하는 사람임을 어렵지 않게 안다. 나는 성질이 급하고 말을 함부로 하는 경향이 있기 때문이다. 이런 이유로 성경에서는 우리에게 자행되는 죄악에 대해 하나님께서 원수를 갚아주시겠다고 말하는 데 그치지 않고, 다른 사람들에게 범하는 우리의 죄악을 하나님께서 용서해 주신다는 것까지 말하고 있다. 이것은 비통함의 속박을 깨뜨리고 우리로 하여금 마음껏 용서할 수 있게 하는 데 매우 중요한 사실이다.

바울은 이렇게 말한다. "서로 친절하게 하며 불쌍히 여기며 서로 용서하기를 하나님이 그리스도 안에서 너희를 용서하심과 같이 하라 그러므로 사랑을 받는 자녀같이 너희는 하나님을 본받는 자가 되고 그리스도께서 너희를 사랑하신 것같이 너희도 사랑 가운데서 행하라"(엡 4:32-5:2). 용서하는 데 필요한 능력은 하나님께서 우리에게 자행된 죄악을 어떻게 다루시는가 하는 것에서 흘러나오지 않고, 오히려 하나님께서 내가 다른 이들에게 범한 죄를 어떻게 다루시는가 하는 것에서 나온다.

다른 이들이 우리에게 범한 죄를 하나님께서 갚아주시겠다는 약속을 의지하는 것만으로는 비통함을 극복하는 싸움을 싸울 수 없다. 하나님께 용서받은 자신의 경험도 꼭 필요하다. 어떻게 용서받은 경험이 다른 사람을 용서할 수 있게 하는가? 그에 대한 답은 우리가 '믿음으로' 용서받았기 때문이다. 우리가 용서받았음을 믿음으로 그 싸움에 임할 수 있는 것이다.

하지만 여기에 어려운 문제가 있다. 신학교 시절, 소그룹에서 만났던 그 여인은 자기 어머니를 용서하지 않으려 했으나, 자신이 용서받았다는 사실은 단호하게 믿었다. 그녀는 원한을 품고 있는 자기 죄가 자신이 용서받았다는 확신을 흔들지 못하게 했다. 그렇다면 용서받은 것에 대한 믿음이 원한을 품는 잘못으로부터 진정 우리를 자유롭게 하는가?

여기서 잘못된 것은 무엇인가? 그녀는 구원하는 믿음의 본질을 놓친 게 분명하다. 나는 떨리는 마음으로 말하고 있다. 구원하는 믿음은 단순히 자기가 용서받았다는 것을 믿는 것이 아니다. 구원하는 믿음은 하나님께서 이러한 용서를 행하신다는 것을 맛보고, 그러한 용서[와 그분!]를 소중하고 장엄하게 경험하는 것이다. 구원하는 믿음은 죄악의 혐오스러움과 하나님의 거룩하심을 바라보며, 하나님의 용서하심이 이루 말할 수 없이 영광스러운 것임을 영적으로 인정하고 인식하는 것이다.

하나님의 용서에 대한 믿음은 단지 내가 죄의 갈고리에서 벗어났다는 신념이 아니다. 그것은 용서하시는 하나님께서 온 우주에서 가장 고귀하신 존재라는 진리를 맛보고 음미하는 것을 말한다. 그런 이유 때문에 나는 '소중히 여긴다'^{cherish}는 단어를 사용했다. 구원하는 믿음은 하나님께 용서받은 사실을 소중히 여긴다. 그런 태도로부터 용서하시는 하나님 — 예수님 안에서 우리를 위해 그분이 행하신 모든 것 ― 을 소중히 여기는 신실한 마음이 솟아난다.

다시금 우리는 과거 지향적인 시각이 충분하지 않다는 사실을 확인했다. 물론 위대한 용서의 행위는 과거 ― 그리스도의 십자가 ― 에 속해 있다. 우리는 이러한 과거 지향적인 시각으로 그 놀라운 은혜 ― 우리가 믿음으로 서 있는 이 은혜(롬 5:2) ― 를 배웠다. 우리는 지금 그리고 앞으로도 그분의 사랑을 받고 그분에게 속한 자들임을 배운다. 우리는 살아 계신 하나님이 용서하시는 하나님임을 배운다. 하지만 용서를 받는 위대한 경험은 모두 미래에 속해 있다. 용서를 베푸시는 놀라우신 하나님과의 교제는 모두 미래에 속해 있다. 이처럼 용서하시는 하나님과의 만족스러운 교제로부터 흘러나오는 용서의 자유는 모두 미래에 속해 있다.

당신의 믿음이 그저 십자가를 뒤돌아보며 죄의 고리에서 벗어났다고 하는 차원에 머물러 있다면, 원한을 떨쳐버리지 못하고 거기에 얽매여 살아갈 수밖에 없을 것이다. 하지만 나는 진정한 믿음 속으로 더욱 깊이 들어가지 않을 수 없었다. 그것은 하나님께서 예수님 안에서 우리를 위해 행하신 모든 일에 만족하는 것이었다. 죄로부터 벗어나게 한 과거의 은혜를 발견하는 것만 믿음이 아니다. 하나님의 인자하심을 바라보며 맛보는 것이 진정한 믿음이다. 하나님께서는 자기와의 교제 속에서 영원토록 화평을 누리는 장래를 우리에게 허락하신다.

당신에게는 오래도록 품고 있는 원한이 없을 수도 있다. 하나님은 당신을 과거의 상처와 실망들로부터 놀라울 정도로 자유롭게 하셨고, 그런 원한을 내려놓기에 충분한 은혜를 부어주셨다. 그렇지만 자신이 갑작스럽게 화를 내지는 않는지 점검해보아야 한다. 오랫동안 당신을 괴롭히는 쓴뿌리는 없을지라도 현재 되풀이되는 좌절감은 없는가? 또는 분노가 만성적으로 다시 나타나지는 않는가? 아이들이나 배우자 또는 교회나 회사 사장에게 있는 어떤 것들로 인해 늘 이를 갈면서 머릿속으로는 참을 수 없는 이유를 계속 떠올리고 있지는 않는가?

내 경험으로 볼 때, 혹독했던 학대나 배신감 때문에 오랜 시간에 걸쳐 쓴뿌리가 자라나는 것처럼, 단기적으로는 또 다시 나타나는 불신앙이나 절망감과 싸워야 한다. 그렇기 때문에 우리는 실제적이고 일상적인 방법으로 하나님의 약속을 신뢰해야 하는 절박한 필요가 있다.

비통한 어두운 골짜기를 걷는 호흡으로는 장래의 은혜로

사는 높은 믿음의 길을 걸어갈 수 없다. 원한은 자기 연민과 두려움과 공허함 같은 헛된 것들을 요구한다. 그것들은 장래의 은혜를 베푸시는 용서의 하나님 안에서 만족할 때 비롯되는 만족과 확신 그리고 충만한 기쁨을 견디지 못한다.

지금 가장 절실히 필요한 것은
다시금 부흥하며 즐거움이 넘치는 교회다. …
불행한 그리스도인들은
오히려 기독교 신앙을 방해한다.

마틴 로이드 존스

내 영혼아 네가 어찌하여 낙심하며
어찌하여 내 속에서 불안해 하는가
너는 하나님께 소망을 두라
그가 나타나 도우심으로 말미암아
내가 여전히 찬송하리로다

시편 42편 5절

그의 노염은 잠깐이요
그의 은총은 평생이로다
저녁에는 울음이 깃들일지라도
아침에는 기쁨이 오리로다

시편 30편 5절

7장

낙심에 맞서 싸우기

낙심^{despondency}이란 단어는 요즘 흔히 들을 수 있는 말은 아니다. 하지만 이 단어는 이번 장의 핵심을 잘 표현한다. 이 '낙심'은 '침체'라고 볼 수는 없는데, 이것은 후자가 오늘날에는 어떤 임상적인 상태와 관련되어 있기 때문이다.

낙심은 그저 하루 종일 기분이 별로이고 일정한 시간 동안 우울하다는 수준이 아니다. 낙심과 침체 사이에는 실로 다양한 종류의 '불행감'의 정도가 존재한다. 이러한 경험의 밑바닥에는 하나님께서 주시는 장래의 은혜 및 그리스도의 인격과 사역에 대한 불신이 도사리고 있다. 이번 장에서 나는

이러한 불신과 맞서 싸울 수 있도록 당신을 돕고자 한다.[31]

영혼을 치유하는 의사

1954년에, 내가 존경하는 인물 가운데 한 분인 마틴 로이드 존스 목사는 런던에 있는 웨스트민스터 예배당에서 연속 설교를 전했다. 후에 그 책은 『영적 침체』Spiritual Depression라는 제목으로 출간되었다. 20세기 중반에 이른 교회에 대한 그의 평가는 상당히 정확했다. "저는 주저하지 않고 다시금 이렇게 주장하겠습니다. 교회가 현대 사회에서 거의 가치를 드러내지 못하는 이유 가운데 하나는 너무나 많은 그리스도인들이 영적 침체에 빠져 있기 때문입니다."[32] "지금 가장 절실히 필요한 것은 다시금 부흥하며 즐거움이 넘치는 교회입니다. … 불행한 크리스천들은 오히려 기독교 신앙을 방해하고 있습니다."[33]

로이드 존스는 목사가 되기 전에 존경받는 의사였다. 이러한 사실 때문에 그가 많은 그리스도인들에게 만연되어 있는 낙심의 원인을 얘기했을 때 사람들은 그냥 지나칠 수 없었다. 그는 의기소침을 가져오는 원인에 대해 순진하게 접근하지 않았다. 예를 들어 그는 이렇게 말했다. "다른 사람들에 비해 선천적으로 우울증을 더 많이 느끼는 사람들이 있습니다. … 비록 우리가 신앙을 받아들이고 거듭난 자들일지라도, 우리의 근본적인 성향은 변하지 않습니다. 신앙을 받아들이기 전부터 다른 사람에 비해 우울증에 자주 빠지던 사람들은, 믿음을 가진 후에도 여전히 우울증을 극복하기 위해 더 치열하게 싸워야 합니다."[34]

낙심의 계보

교회사에는 이러한 일들을 보여주는 고통스러운 사례가 많다. 가장 극명한 사례는 18세기에 뉴잉글랜드 지역에서 젊은 나이에 인디언들을 위해 선교사로 활동했던 데이비드 브레이너드^{David Brainerd}의 이야기다. 우유부단함과 우울증이 그의 가문을 통해 심상치 않게 전해 내려온 것도 같다. 그의 부모가 젊은 나이에 세상을 떠났을 뿐만 아니라, 형 느헤미야는 32세에 죽었고, 다른 형제인 이스라엘은 23세에, 그의 누이인 제루샤는 34세에 세상을 떴다. 그리고 그는 29세라는 나이에 죽음을 맞이했다. 1865년에 그의 후손 중 한 명인 토마스 브레이너드는 이렇게 말했다. "2백 년 동안 브레이너드 일가에는 어떤 병적인 우울증의 경향이 존재해왔으며, 이는 거의 심기증心氣症(자신의 심신상태에 대해 끊임없이 주의를 기울이고, 기능 이상을 병적으로 의심하는 상태―편집자 주)에 가까운 것이었다."[35]

엄한 아버지 밑에서 자라나고 감수성이 예민한 어린 나이에 부모를 잃은 데이비드 브레이너드는 아마도 우울증 성향을 물려받았을 것이다. 원인이 무엇이든 간에 그는 짧은 인생을 살면서 도저히 헤쳐 나오기 힘들 정도의 암담한 우울증으로 자주 고통을 당했다. 그는 자신의 일기 맨 앞에 이런 글을 남겨놓았다. "생각해보면 나는 어려서부터 약간 냉정하고 우울한 기분에 빠지는 경향이 많았던 것 같다."[36]

그렇지만 그는 믿음을 갖기 전에 그를 괴롭히던 우울증과 믿음을 갖게 된 후에 느끼던 우울증 사이에는 차이가 있다고 말했다. 믿음을 가진 후에는 그를 굳게 붙잡아주며 든든한 기초가 되어 사랑을 세워주는 흔들리지 않는 바위가 있어 보였다. 그리하여 가장 암울한 시간에도 그는 여전히 하나

님의 진리와 선하심을 붙잡을 수 있었다. 한동안 우울증을 전혀 느끼지 못한 적도 있었다.[37]

신체적인 괴로움

유전적인 성향과 성격 문제 외에도 신체적인 상태가 우울한 기분에 지대한 영향을 주기도 한다. 로이드 존스는 이렇게 말했다. "많은 사람들이 내게 찾아와 이런 문제에 대해 말합니다. 낙심의 원인이 주로 신체적인 것과 연관된다고 생각되는 경우도 상당히 많이 있습니다. 일반적으로 이런 사람들에게는 피로, 과도한 긴장, 질병 등의 증상이 나타납니다. 우리는 육체와 마음과 영혼을 가진 존재이므로 육체와 영혼을 따로 생각할 수 없습니다."[38] 시편 기자는 "내 육체와 마음은 쇠약하나"(시 73:26)라고 하며, 마음과 육체가 뒤섞여 만들어내는 낙담과 우울증을 자주 경험했음을 보여준다.

찰스 해돈 스펄전Charles Haddon Spurgeon은 위대한 그리스도인이자 위대한 설교가였지만 고통스러운 통풍으로 인해 정기적으로 우울증에 시달렸다. 유능하고 사람을 설득하는 능력이 있으며 총명하고 항상 에너지가 넘치던 스펄전이 생각지도 못한 이유 때문에 어린아이처럼 울고 있는 모습을 상상해 보라. 1858년 24세의 나이에 처음 그런 증세가 찾아왔다. 그는 이렇게 말했다. "나의 영혼은 너무 깊이 가라앉았고 나는 어린아이처럼 몇 시간 동안 울었다. 하지만 나는 무슨 이유로 울고 있는지 알 수 없었다."[39] 세월이 흘러도 우울함은 계속 엄습해왔다. 어떤 때에는 아예 그런 감정에 굴복할 준비가 되어 있었다. "이유 없이 찾아오는 우울증은 그 원인조차 파악하기 힘들었다. 다윗의 수금이 아무리 감미롭게 울려 퍼져도 아마 그 우울함을 몰아내지 못할 것이다. 이처럼 둔감하고, 형체를 파악할 수 없으며, 마음을 흐리게 하는 절망과 싸우는 것은 마치 안개와 더불어 싸움을 벌이는 것 같다. … 소망의 문을 신기하게 잠가놓고 우리의 영혼을 음침한 감옥에 억류해놓은 강철 빗장을 풀고 문을 열어젖히려면 하늘의 손길이 필요하다."[40]

하지만 그는 물러서지 않고 싸웠다. 그는 우울증을 자신의 '가장 열악한 특징'으로 여겼다. "우울증이나 낙담은 좋은 덕목이나 장점이 아니다. 나는 그것이 약점이라는 것을 알고 있다. 내가 그러한 상태로 떨어지는 것은 정말 수치스러운 일이다. 하지만 하나님을 향한 거룩한 믿음처럼 좋은 치료제는 세상 어디에도 없다."[41]

그 치료제를 좀 더 자세히 살피기 전에 우울증을 일으키는 난해한 원인에 대해 하나 더 살펴보자. 그것은 가족 전체의 분위기 때문일 수도 있다. 한 가지 간단한 예로, 부모가 아이의 칭얼거림을 다 받아주고 변덕스런 감정을 하나하나 뒤치다꺼리해 주게 되면, 투정부리는 아이를 어른들이 동정해 준다는 사실을 어린아이는 터득하게 된다. 그리고 30년이 지나면 그러한 성향은 두 배 이상 강화되어 있을 것이다.

낙심의 근원

그렇다면 낙심의 근원은 무엇인가? 낙심의 원인을 오직 불신앙에서만 찾는다면, 로이드 존스도 그것이 지나친 단순화라고 했을 것이다. 하지만 그가 "모든 영적 낙심의 궁극적인 원인은 불신앙이다"[42]라고 말했듯이, 낙심의 원인을 불신앙에서 찾는 것은 그릇된 시도가 아니다. 한 가지 예를 들어보자. 아이들의 칭얼거림을 받아주는 부모들의 태도는 어디에서 비롯되는가? 육아에 관한 최고의 책이 하나님의 말씀임을 인정하는 견고한 믿음에서 왔다고 볼 수 있을까? 밤에 행하는 많은 활동들 때문에 우리는 쉽게 피곤함을 경험한다. 이로 인해 낙심할 때도 있고 짜증이 나며 도덕적인 연약함을 절감한다. 그런데 왜 많은 사람들이 늦은 밤에 그릇된 일들을 시도하는 것일까? 그러한 행동들은 우리에게 진정한 휴식을 주시는(시 127:2) 하나님에 대한 굳은 믿음과, 자신을 앙망하는 자들을 위해 베푸시는 능력을 흔들림 없이 신뢰하기 때문에(사 64:4, 시 37:5) 이루어지는 것들인가?

유아의 두뇌에 대한 연구를 통해, 화학 작용이 여러 감정 상태를 만들어낸다는 사실은 조금 알게 되었지만, 감정적이고 영적인 상태가 치유에 어떻게 작용하는지에 대해서는 아는 바가 거의 없는 상태이지 않은가? 하나님께서 그리스도 안에서 우리를 위해 행하신 모든 일에 만족한다면 인체가 자연적으로 낙심을 만들어내지 못하도록 영향을 끼치지는 않을까? 우리가 장래의 은혜를 간절히 소망할 때 정신적인 건강까지 도모할 수 있다고 생각하지 못할 이유가 어디 있겠는가? 나는 우리가 천국에 이르면 건전한 믿음과 건전한 마음 상태 사이의 심오한 관계에 관해 놀라운 사실들을 알게 되리라고 확신한다.

우리는 낙심의 근원이 결코 단순하지 않다는 것을 안다. 그 원인은 복합적이다. 따라서 나는 이번 장의 초점을 한정시키고자 한다. 나는 인간의 감정과 유전성 그리고 신체적인 영역과 집안 내력과 같은 복잡한 원인들을 부인하지 않는다. 그와 동시에 나는 장래의 은혜에 대한 불신앙이 낙심의 뿌리임을 드러내기 원한다. 불신앙은 하나님께서 주시는 병기를 가지고 낙심과 싸우지 않는 비열한 행동이기도 하다. 우리는 영적인 싸움을 통해 낙심을 저지해야 함에도 불구하고 불신앙이 자기 마음대로 표출되도록 방치한다.

로이드 존스는 말하기를, 우리가 낙심의 성향을 지닌 채로 믿음을 받아들인다면 "그리스도를 영접한 후에도 낙심과의 싸움을 계속해야 한다"고 했다. 이번 장은 그 싸움에 관해 말한다. 낙심이 맹렬히 공격해오는 것 자체는 일단 우리의 초점이 아니다. 먼저 시편을 통해 이러한 사례들을 설명한 후에, 예수님께서 대적해야 했던 낙심의 문제들을 생각해보겠다.

시편 기자의 마음이 쇠잔할 때

시편 73장 26절에서 기자는 "내 육체와 마음은 쇠약[하다]"고 고백했다. 여기에 'fail'쇠약하다이라는 단어가 사용되었다. 나는 의기소침한 상태에 빠져 있다! 나는 낙담하고 있다! 하지만 곧바로 시편 기자는 자신의 낙심에 대항해 맹렬한 공격을 퍼붓는다. "하나님은 내 마음의 반석이시요 영원한 분깃이시라." 시편 기자는 항복하지 않았다. 그는 불신앙을 향해 역공을 가했다.

그의 말은 본질적으로 이런 의미다. "나는 매우 약하고 무기력하며 대항할 힘도 없다. 나의 몸은 지쳤고 내 마음은 거의 죽음에 이르렀다. 하지만 이러한 낙심의 원인이 무엇이든 간에 나는 굴복하지 않을 것이다. 나는 나 자신이 아니라 하나님을 의지할 것이다. 그분은 나의 힘이시며 나의 분깃이시다."

성경은 침잠한 영혼의 상태를 극복하려고 애쓰는 성도들을 많이 소개한다. 시편 19장 7절은 "여호와의 율법은 완전하여 영혼을 소성"시킨다고 했다. 성도들의 영혼이 때때로 소생해야 할 필요가 있음을 솔직히 인정한 것이다. 믿는 자의 영혼이 소성^{revived}될 필요가 있다면, 곧 그의 영혼이 전에 '죽었음'을 의미한다. 다윗은 시편 23장 2-3절에서 동일하게 말했다. "그가 나를… 쉴 만한 물가로 인도하시는도다 내 영혼을 소생시키시고 자기 이름을 위하여 의의 길로 인도하시는도다." 그가 하나님의 "마음에 맞는 사람"(삼상 13:14)이었을지라도 소생되어야 할 필요가 있었다. 그의 영혼은 목마름으로 죽어가고 있었고 거의 고갈되었다. 하나님께서는 그 영혼을 물가로 인도하시고 그에게 다시 생명을 주셨다.

하나님께서는 이러한 증언들을 성경 속에 남겨놓으시어 우리가 낙담의 불신앙에 대항해 싸울 때에 그런 말씀들을 사용할 수 있게 하셨다. 어디로부터 낙심이 찾아오든 간에 사탄은 그것을 거짓말로 위장한다. 이런 식이다. "정말이야. 앞으로 너는 절대 행복을 맛보지 못할 것이다. 너는 다시 강해질 수 없어. 다시는 활력을 가지고 굳게 결심하지도 못할 거야. 넌 이제 의미 있는 삶을 살 수 없어. 이 밤이 지나도 아침은 오지 않아. 울음 뒤에 기쁨도 없고. 모든 것이 음울하며 점점 어두워질 뿐이야. 이것은 터널이 아니라 동굴이야. 끝이 없는 동굴."

사탄은 어두운 색으로 우리의 낙심을 덧칠한다. 하지만 하나님께서는 그러한 거짓말에 직접 대항하도록 진리의 여러 실로 그분의 말씀을 엮어 놓으셨다. 하나님의 법은 영혼을 다시 살리신다(시 19:7). 하나님께서는 쉴 만한 물가로 우리를 인도하신다(시 23:3). 하나님께서는 생명의 길을 우리에게 보이신다(시 16:11). 아침에는 기쁨이 올 것이다(시 30:5). 여러 시편들은 불신앙이 낙심을 만들어내는 뿌리임을 우리에게 자세히 설명해준다. 그러나 장래의 은혜에 대한 믿음은 하나님의 약속을 굳게 부여잡고 그것으로 낙담을 물리친다. "하나님은 내 마음의 반석이시요 영원한 분깃이시라"(시 73:26).

자신에게 선포하는 법을 배우라

우리는 낙담에 대항해서 싸우는 법을 배워야 한다. 이 싸움은 장래의 은혜에 대한 믿음의 싸움이다. 이 싸움은 하나님과 그분이 약속하신 장래의 은혜에 관한 진리를 우리 자신에게 선포함으로써 이루어진다. 시편 기자는 이러한 내용을 시편 42편에 기록했다. "사람들이 종일 내게 하는 말이 네 하나님이 어디 있느뇨 하오니 내 눈물이 주야로 내 음식이 되었도다… 내 영혼아 네가 어찌하여 낙심하며 어찌하여 내 속에서 불안해 하는가 너는 하나님께 소망을 두라 그가 나타나 도우심으로 말미암아 내가 여전히 찬송하리로다"(시 42:3, 5).

시편 기자는 자신의 근심하는 영혼을 향해 말씀을 선포하고 있다. 그는 자신을 꾸짖고 자신과 더불어 논쟁한다. 그는 주로 장래의 은혜에 대해 주장한다. "하나님 안에서 소망을 가져라! 하나님께서 장래에 너를 위해 행하실 일을 신뢰하라. 기쁨으로 찬송할 날이 다가오고 있다. 하나님께서 함께하시면 너에게 모든 도움이 되신다. 그분은 영원히 우리와 함께 하겠다고 약속하셨다"(시 23:4, 6절을 보라).

로이드 존스는 하나님께서 주실 장래의 은혜에 관한 진리를 자신에게 선포하는 것이 영적 침체를 극복하는 데 가장 중요한 요소임을 믿었다.

> 우리의 자아가 우리에게 말하도록 허용하기보다는 우리가 우리 자아를 향해 선포해야 한다고 말하고 싶다. 이것이 무슨 의미인지 이해하는가? 어떤 의미에서 영적 침체 속에 있을 때 가장 큰 어려움은 우리가 우리 자아를 향해 말하기보다는 우리

자아가 우리에게 말하도록 허용하는 데 있다고 생각하기 때문이다. 내가 말하는 것이 의도적인 역설처럼 들리는가? 당신의 삶 속에서 일어나는 대부분의 불행들은 당신이 당신 자신에게 말하기보다는 당신의 자아가 당신을 향해 말하는 것에 귀를 기울인 사실 때문이었음을 알고 있었는가?

아침에 일어나는 순간에 떠오르는 생각들을 살펴보라. 당신은 그런 생각들을 일부러 떠올리지 않았으나, 그것들은 당신에게 말하기 시작하고 어제 일어났던 문제들을 다시금 상기시킨다. 누군가는 말하고 있다. 그렇다면 누가 당신에게 말하고 있는가? 당신의 자아가 당신에게 말하고 있다.

시편 기자가 제시하는 해결책은 이것이다. 그는 자아가 자신에게 말하는 것을 허용하지 말고, 이제 자아를 향해 말하기 시작한다. 그는 묻는다. "내 영혼아 네가 어찌하여 낙망하느냐?" 그의 영혼은 오랫동안 그를 억압하고 눌러왔다. 그래서 그는 담대히 일어서며 말한다. "나의 자아야, 잠시 내 말을 들어라. 너에게 할 말이 있다. 어찌하여 네가 낙망하느냐? 도대체 무엇이 너를 불안하게 하느냐?"

이제 당신은 하나님이 누구신지 지속적으로 기억해야 한다. 하나님이 어떤 분이시고, 어떤 일을 행하셨으며, 어떤 일들을 하리라고 스스로 맹세하셨는지 생각해보아야 한다. 이런 일들을 모두 행한 후에는 다음과 같은 위대한 선포로 끝을 맺어야 한다. "네 자신과 다른 사람들을 의지하지 말라. 악한 세력과 세상 일에 얽매이지 말라. 영혼과 더불어 이렇게 선포하라. '그가 나타나 도우심으로 말미암아 내가 여전히 찬송하리로다.'"[43]

낙담과의 싸움은 하나님의 약속을 믿기 위한 싸움이다. 하나님께서 베푸실 장래의 은혜에 대한 믿음은 그분의 말씀을 듣는 것에서 비롯된다. 우리 자신을 향한 선포가 그 싸움의 중심에 자리 잡고 있다.

하지만 이번 장의 주된 관심은 낙담을 회피하는 방법이 아니라 낙담이 밀려올 때 거기에 대항해서 싸우는 법이라는 사실을 다시 한 번 강조하고 싶다. 예수님께서 보여주신 예를 살펴보면, 아무 죄도 없으신 하나님의 아들이라도 낙담이라는 원수를 만나고 그것을 극복하려고 고투하신 모습을 볼 수 있다.

예수님께서 낙심이라는 적을 만나셨을 때

예수님께서는 배반당하시던 날 밤에 다소 힘든 영적 싸움을 벌이셨다. 우리의 영원한 구원이 이루어지기 전날 밤에 무서운 영적 전쟁이 일어난 것이다. 사탄과 그의 세력들은 하나님의 아들에게 대항하기 위해 모두 모였다. 바울이 말한 "악한 자의 모든 불화살"(엡 6:16)이 무엇을 의미하든 간에, 당신은 그날 밤 겟세마네 동산에서 예수님의 심장을 향해 엄청난 불화살들이 집중적으로 날아들었음을 분명히 알 수 있을 것이다.

마태복음 26장 36-38절에서 그때의 싸움을 얼핏 엿볼 수 있다.

> 이에 예수께서 제자들과 함께 겟세마네라 하는 곳에 이르러 제자들에게 이르시되 내가 저기 가서 기도할 동안에 너희는 여기 앉아 있으라 하시고 베드로와 세베대의 두 아들을 데리고 가실새 고민하고 슬퍼하사 이에 말씀하시되 내 마음이 매우 고민하여 죽게 되었으니 너희는 여기 머물러 나와 함께 깨어 있으라.

여기서 지금 무슨 일이 일어나고 있는가? 예수님은 무슨 말씀을 하시는가? 요한복음 12장 27절은 이렇게 말한다. "지금 내 마음이 괴로우니 무슨 말을 하리요 아버지여 나를 구원하여 이때를 면하게 하여 주옵소서 그러나 내가 이를 위하여 이때에 왔나이다." 달리 말하면 고통과 근심이 주님의 사역 수행을 단념하고 실패하도록 몰아간다는 것이다. 그분을 향해 날아드는 불화살은 이런 생각이었을지 모른다. "이것은 가치 있는 일이 아니야. 아무 소용도 없을 거야." 또는 마음을 어지럽히는 무수한 상념이 날아들었을 것이다. 이러한 공격으로 주님의 감정은 엄청나게 출렁거렸다. 사탄은 예수님이 낙심하도록 갖은 노력을 기울였다. 아무 저항도 못하고 단념하여 아버지께서 그분에게 맡기신 사명을 수행하지 못하도록 하기 위해서였다.

잠시 이에 대해 생각해보자. 예수님은 죄가 없으신 분이다 (히 4:15, 고후 5:21). 이 말은 예수님께서 그날 밤에 겪으신 감정적인 혼란은 그분이 경험한 특이한 종류의 시험에 견주어 볼 때 적절하고 꼭 맞는 반응이었다는 뜻이다. 갈보리의 십자가는 아무런 의미 없는 블랙홀에 지나지 않는다는 마귀적인 생각은 너무나 끔찍해서 예수님의 영혼마저 흔들리게 할 정도였다. 이것은 낙심이라는 물결의 첫 번째 충격파다. 하지만 이것이 죄는 아니다. 아직은 아니다.

여기에 놀라운 사실이 있다. 요한복음은 예수님께서 괴로워하셨다고 말한다(요 12:27, 13:21). 낙담의 충격파는 그분 영혼의 고요함을 흩어놓았다. 하지만 동일한 복음서에서 예수님은 제자들에게 두려워하지 말라고 말씀하신다. 요한복음 14장 1절을 보라. "너희는 마음에 근심하지 말라 하나님을 믿으니 또 나를 믿으라." 요한복음 14장 27절에는 이런 말씀이 있다. "평안을 너희에게 끼치노니 곧 나의 평안을 너희에게 주노라 내가 너희에게 주는 것은 세상이 주는 것과 같지 아니하니라 너희는 마음에 근심하지도 말고 두려워하지도 말라."

예수님은 두 구절에서 모두 낙담의 위험에 대해 다루신다. 제자들은 낙심과 절망을 느끼기 시작하는 시점에 있었다. 자신들의 인도자이며 친구이신 분이 떠나려 하기 때문이다. 상황은 호전되기는커녕 악화되어갔다. 하지만 두 경우에서 예수님은 제자들에게 그렇게 근심하지 말고 두려워하지도 말라고 말씀하셨다.

이것이 모순처럼 보이는가? 사탄이 예수님과 그분의 제자들 앞에 그들의 장래가 절망적이라는 생각을 달아놓을 때, 예수님 자신은 낙담을 경험하시면서 제자들에게는 근심하지 말라고 하시는 것이 과연 옳은 것인가?

너희는 마음에 근심하지 말라

나는 그것이 모순이라고 생각하지 않는다. 이제 두 가지 경우가 어떻게 연결되는지 설명해보겠다. 예수님께서는 제자들에게 낙심에 굴복하는 것에 대해 경고하셨다. 그런 감정은 우리를 내적으로 곪게 만들고 급속히 퍼져간다. 그분은 이에 대항해 싸우라고 말씀하신다. "하나님을 믿으니 또 나를 믿으라"(요 14:1). 낙심의 광풍으로 밀려오는 첫 번째 충격파는 죄가 아니다. 공습 사이렌을 울리거나 대피소를 찾거나 대공화기를 배치하는 것은 죄가 아니다. 사탄이 평화롭게 있는 당신에게 폭탄을 투하하는데 싸울 준비를 하지 않는다면, 사람들은 당신이 어느 편인지 의아하게 여길 것이다.

예수님의 경우에서도 마찬가지였다. 그분이 느낀 낙심의 첫 번째 충격파는 죄가 아니었다. 그러나 예수님은 그런 감정에 즉각 반격하지 않으면 그것이 얼마나 빨리 죄로 변할 수 있는지를 누구보다 잘 알고 계셨다. 마태복음 26장 36-39절을 읽고 '낙심은 그리 나쁜 게 아니야. 예수님도 겟세마네에서 낙심하셨잖아'라는 생각에 머물러 있어서는 안 된다. 오히려 예수님은 참으로 진지하게 낙심이라는 불신앙에 대항해 싸우셨다. 우리는 그보다 더욱 철저하게 낙심에 대항해야 하지 않겠는가!

예수님은 어두움의 시간 속에서 어떻게 싸우셨나

낙심에 대항해 전략적인 싸움을 수행하실 때에 예수님에게는 몇 가지 전술이 있었다. 첫째, 그분은 몇몇 친밀한 제자들을 택하여 자기와 함께 있게 하셨다. "베드로와 세베대의 두 아들을 데리고 가실새"(마 26:37). 둘째, 그분은 그들에게 마음을 여셨다. 그분은 동행하는 제자들에게 말씀하셨다. "내 마음이 괴로워 죽을 지경이다"(38절, 새번역). 셋째, 그분은 낙심과의 싸움에 그들의 기도와 동참을 요청하셨다. "너희는 여기 머물러 나와 함께 깨어 있으라"(38절). 넷째, 그분은 기도하는 중에 아버지께 마음을 쏟아 놓았다. "내 아버지여 만일 할 만하시거든 이 잔을 내게서 지나가게 하옵소서"(39절). 다섯째, 그분은 하나님의 주권적인 지혜 속에서 영혼의 평안함을 누렸다. "그러나 나의 원대로 마시옵고 아버지의 원대로 하옵소서"(39절). 여섯째, 그분은 십자가 저편에서 자기를 기다리고 있는 영광스러운 장래의 은혜에 시선을 고정하셨다. "그는 그 앞에 있는 기쁨을 위하여 십자가를 참으사 부끄러움을 개의치 아니하시더니 하나님 보좌 우편에 앉으셨느니라"(히 12:2).

미래를 위협하는 것처럼 보이는 무언가가 삶 속에 발생할 때에 이 사실을 기억하라. 그 폭탄의 첫 번째 충격파는 죄가 아니다. 진정한 위험은 거기에 굴복하는 것이다. 포기하고 영적 싸움을 싸우지 않는 것이다. 그렇게 포기하고 항복하는 태도의 뿌리는 불신앙이다. 장래의 은혜에 대한 믿음의 싸움에서 패배한 것이다. 하나님께서 예수님 안에서 우리를 위해 베푸신 모든 약속들을 소중히 간직하는 데 실패한 것이다.

예수님은 전혀 다른 길을 우리에게 보여주셨다. 고통이 있지만 적극 따라야 하는 길이다. 그분을 따라가라. 당신의 영적인 친구들을 발견하라. 당신의 마음을 그들에게 열라. 그들에게 당신과 함께 깨어서 기도하기를 요청하라. 당신의 마음을 아버지께 쏟아놓으라. 하나님의 주권적인 지혜 안에서 평안히 거하라. 그리고 당신의 시야를 당신 앞에 놓인 하나님의 소중하고 장엄한 약속에 담긴 즐거움에 고정시켜라.

어두움 속에서 단념하지 말라

위대한 사도였던 바울조차 "사방으로 우겨쌈을 당하여도 싸이지 아니하며 답답한 일을 당하여도 낙심하지 [않는다]"(고후 4:8)고 고백했다. 이와 같이 당신도 자신을 향해 외쳐라. 다윗도 어두움 속에서 이 같은 사실을 발견했다. "그의 노염은 잠깐이요 그의 은총은 평생이로다 저녁에는 울음이 깃들일지라도 아침에는 기쁨이 오리로다"(시 30:5). 다윗이 절망과의 싸움에서 깨달은 바를 당신 스스로에게 선포하라. "내가 혹시 말하기를 흑암이 반드시 나를 덮고 나를 두른 빛은 밤이 되리라 할지라도 주에게서는 흑암이 숨기지 못하며 밤이 낮과 같이 비추이나니 주에게는 흑암과 빛이 같음이니이다"(시 139:11-12).

겟세마네와 갈보리 그리고 시편의 최종적인 교훈은 이와 같다. 어두움 속에서 단념하지 않고 장래의 은혜에 대한 믿음의 촛불을 불어 꺼버리지 않는 사람에게는, 모든 낙심의 어두운 동굴들이 기쁨의 땅으로 인도하는 터널과 같다는 사실이다.

그분은 감춰진 죄의 힘을 꺾으셨다.
그분은 갇힌 자들을 자유롭게 하셨다.
찰스 웨슬리

❦

너희가 육신대로 살면 반드시 죽을 것이로되
영으로써 몸의 행실을 죽이면 살리니
로마서 8장 13절

❦

이로써 그 보배롭고 지극히 큰 약속을 우리에게 주사
이 약속으로 말미암아 너희가 정욕 때문에
세상에서 썩어질 것을 피하여
신성한 성품에 참여하는 자가 되게 하려 하셨느니라
베드로후서 1장 4절

8장

정욕에 맞서
싸우기

당신의 다리를 스스로 절단할 수 있는가?

1993년 7월 20일, 도널드 웨이맨은 펜실베이니아 주의 펑스터니 근처에서 산림개간 작업을 하고 있었다. 그는 광산 회사 소속으로 그 일을 담당했다. 그런데 어느 날 작업 중에 큰 나무가 그의 정강이로 굴러와 발목을 부러뜨려 그를 꼼짝 못하게 짓눌러버렸다. 그는 한 시간 동안 도와달라고 소리쳤으나 아무도 오지 않았다. 그는 목숨을 구할 수 있는 유일한 길은 무릎 아래를 절단하는 것이라고 결론 내렸다. 그는 신발끈을

지혈대로 삼아 아픔을 무릅쓰고 세게 묶었다. 그런 다음 주머니칼을 꺼내 그것으로 무릎 아래의 피부와 근육과 뼈를 잘라내고 나무에서 빠져 나왔다. 그는 약 30미터 정도 떨어진 불도저로 기어가, 400미터 떨어진 곳에 있는 트럭까지 불도저를 몰고 갔다. 그리고 성한 다리와 팔을 이용해 트럭을 몰아 2.5킬로미터 떨어져 있는 어떤 농부의 집에 도달했다. 절단된 다리에서는 엄청나게 많은 피가 흘러 나왔다. 농부인 존 후버 2세는 그를 병원으로 데려가서 그가 목숨을 구할 수 있도록 도왔다.[44]

도널드 웨이맨이 목숨을 구하려고 자기 다리를 절단했던 것처럼, 예수님은 정욕의 파멸적인 영향력에서 벗어나기 위해 우리 눈을 빼내라고 명령하셨다. "나는 너희에게 이르노니 음욕을 품고 여자를 보는 자마다 마음에 이미 간음하였느니라 만일 네 오른눈이 너로 실족하게 하거든 빼어 내버리라 네 백체 중 하나가 없어지고 온몸이 지옥에 던져지지 않는 것이 유익하며"(마 5:28-29). 예수님의 말씀처럼 '오른눈'을 빼어 내버린다 해도 당신은 왼눈으로 성인 잡지를 볼 수 있다. 예수님께서는 문자적이고 육체적인 절단보다 더 철저한 무언가를 생각하고 계셨음이 틀림없다.

정욕의 위험을 생각하라

나는 몇 년 전에 고등학생들에게 정욕에 대처하는 법에 관해 말한 적이 있다. 내가 말한 요점 가운데 하나는 "정욕의 영원한 위험을 깊이 생각하라"는 것이었다. 나는 예수님의 말씀―"네 백체 중 하나가 없어지고 온몸이 지옥에 던져지지 않는 것이 유익하다"―을 인용하며 학생들에게 그들의 영원한 운명은 그들이 눈으로 보고 상상 속에서 생각하는 것으로 인해 위험에 처하게 될 수 있음을 일러주었다.

나는 [내면의 삶을 포함한] 개인적이고 성적인 도덕성은 도덕적으로 그리 크게 중요하지 않다는 일반적인 개념을 바로잡고자 애썼다. 관념적인 학생들(또는 어른들)은 자신의 몸과 마음은 개인적인 차원에서 본다면 그리 중요한 것이 아니라고 자주 생각한다. 그것이 죄라 하더라도 '죄'의 'ㅈ' 정도에만 해당한다고 여긴다. "우리는 국제 평화, 지구의 환경 전략, 인종간의 화합, 사회 정의, 국민 건강 그리고 폭력 추방 등과 같은 보다 중요한 문제에 관심을 기울이는 것이 마땅하지 않은가? 당신이 정의를 위해 피켓을 들고 활동한다면, 잠이야 어디에서 자든 전혀 중대한 문제가 아니다. 제네바에서 열리는 평화 회담에 참여하러 가는 도중에 〈플레이보이〉와 같은 성인 잡지를 잠깐 훑어보는 것은 전혀 대수롭지 않은 일이다."

나는 예수님께서 이 문제를 완전히 다른 시각에서 보신다는 것을 강조했다. 위에서 말하는 세계적인 문제들도 물론 중요하다. 그러나 그러한 문제들이 중요한 이유는 그것들이 모두 사람과 관련되어 있기 때문이다. 통계적 집단으로서의 사람이 아니라 개인 한 사람 한 사람과 관련된 문제다. 동물이나 나무와는 달리 사람들은 살아 숨쉬고 있다는 이유로 중요하다. 그들은 숨을 멈춘 후에도 영원토록 몸과 마음과 정성을 다해 하나님께 영광을 돌릴 능력을 갖고 있기 때문에 중요하다.

그렇기 때문에 예수님께서 하신 말씀은 정욕의 결과가 전쟁이나 환경적인 재난의 결과보다 더 나쁘다는 의미를 내포하고 있다. 전쟁으로 인해 최악의 경우, 사람의 육신이 죽을 수도 있다. 하지만 예수님은 이렇게 말씀하셨다. "내가 내 친구 너희에게 말하노니 몸을 죽이고 그 후에는 능히 더 못하는 자들을 두려워하지 말라 마땅히 두려워할 자를 내가 너희에게 보이리니 곧 죽인 후에 또한 지옥에 던져 넣는 권세 있는 그를 두려워하라 내가 참으로 너희에게 이르노니 그를 두려워하라"(눅 12:4-5). 달리 말하자면 하나님의 마지막 심판은 이 땅에서 멸절되는 것보다 훨씬 더 무섭고 두렵다는 것이다.

정욕과 영원한 보장

고등학교 강당에서 강연을 마친 후 어떤 학생이 내게 다가와 물었다. "그렇다면 믿는 사람이 그의 구원을 잃을 수도 있다는 말씀입니까?" 그 학생의 말은 "예수님께서 정욕의 심각함에 대해 지옥의 엄중한 경고를 사용하셨다면 그리스도인이라도 멸망할 수 있다는 말입니까?"라는 뜻이었다.

몇 년 전에 성적으로 부정한 관계를 맺으며 살아가고 있는 누군가와 대면했을 때도 이런 질문을 받았다. 나는 그의 상황을 충분히 이해하고 다시 아내에게 돌아갈 것을 강하게 권면했다. 그때 나는 이렇게 말했다. "예수님께서는 당신이 한쪽 눈을 빼내서라도 죄를 짓지 않으려는 진지한 자세로 성적인 죄악과 싸우지 않으면, 지옥으로 떨어져 영원토록 고통당할 것이라고 말씀하셨습니다." 자기를 그리스도인이라고 고백한 그는 난생 처음 그런 말을 들었다는 듯이 나를 의혹의 눈길로 바라보면서 말했다. "그것은 사람이 구원을 상실할 수도 있다는 말씀입니까?"

나는 직접적인 경험을 통해, 많은 그리스도인들이 현실의 삶과 구원은 관련이 없다는 식의 견해를 갖고 있음을 확인했다. 그들은 성경의 경고들을 별것 아니라는 듯 무시했고, 죄를 범하면서도 그리스도인이라고 주장하는 사람들을 성경의 엄중한 경고로부터 제외시켰다. 나는 이러한 시각이 파멸로 인도하는 넓은 길에 서 있는 많은 사람들에게 위안을 주고 있다고 생각한다(마 7:13). 예수님께서는 말씀하시기를, 너희가 정욕에 맞서 싸우지 아니하면 천국에 가지 못한다고 하셨다. 성도들이 언제나 성공하는 것은 아니다. 문제는 우리가 아무 결점 없이 성공하는 것이 아니라 '싸우려는 결심'을 품지 않는 것이다.

수천 개의 핵폭탄으로 지구가 날아가 버리거나 오존층이 파괴되거나 에이즈가 만연하는 것보다, 죄로 인한 위험성이 훨씬 더 크다. 그러한 모든 재난들은 단지 사람의 몸만 죽일 뿐이다. 그러나 정욕에 대항해 싸우지 않는다면 우리는 영혼마저 멸망에 이르게 될 것이다.

사도 베드로는 말했다. "영혼을 거슬러 싸우는 육체의 정욕을 제어하라"(벧전 2:11). 정욕과의 전쟁은 3차 세계대전의 위협과 비교할 수 없을 만큼 중대한 위험을 내포하고 있다. 사도 바울의 경고를 보라. "그러므로 땅에 있는 지체를 죽이라 곧 음란과 부정과 사욕과 악한 정욕과 탐심이니 탐심은 우상 숭배니라 이것들로 말미암아 하나님의 진노가 임하느니라"(골 3:5-6). 정욕의 죄에 대한 하나님의 진노는 모든 민족들 위에 쏟아지는 모든 하나님의 진노보다 측량할 수 없을 정도로 더 두렵다. 바울은 갈라디아서 5장 19절에서 음행과 더러운 것과 호색에 대해 언급하면서 "이런 일을 하는 자들은 하나님의 나라를 유업으로 받지 못할 것"(갈 5:21)이라고 말했다.

의롭게 하는 믿음은 정욕에 대항해서 싸우는 믿음이다

그렇다면 앞에서 말한 학생과, 성적으로 부정적인 관계에 빠져 있는 남자의 질문에 대한 대답은 무엇인가? 우리는 오로지 믿음을 통해 은혜로만 의롭다함을 얻는다(롬 3:28, 4:5, 5:1, 엡 2:8). 그리고 의롭다고 칭함 받은 자들은 영화롭게 되었다. 즉 의롭지 못한 자는 영원한 죽음에 이르게 된다(롬 8:30). 자기를 더러운 것에 내어주는 자는 멸망할 것이며(갈 5:21), 정욕과의 싸움을 포기한 자는 영원한 죽음에 이른다(마 5:30). 또한 거룩함을 따르지 않는 자들은 하나님을 보지 못할 것이고(히 12:14), 악한 욕망에 자신의 생명을 내어주는 자들은 하나님의 진노를 피하지 못한다(골 3:5-6).

이러한 두 그룹의 본문들이 모순되지 않는 이유는 의롭게 하는 믿음이 곧 거룩하게 하는 믿음이기 때문이다. 우리의 믿음이 의롭게 하는 믿음인지의 여부는 곧 우리의 믿음이 거룩하게 하는 믿음인가를 측정하는 시험이기도 하다. 19세기 남장로교의 신학자였던 로버트 데브니(Robert L. Dabney)는 이 사실을 다음과 같이 표현했다. "우리는 자신의 공로나 행위가 아닌 믿음으로써 그리스도를 우리의 의로 받아들이는가? 그렇다. 이와 동일한 믿음 — 그리스도를 영접하기에 충분할 정도로 힘이 있다면 — 은 '사랑으로 역사하고', '우리의 마음을 순전케 하기에' 충분할 정도의 힘이 있다. 이것이 아무 공로 없이 거저 주어지는 복음의 덕목 — 성화 — 이다. 은혜의 선물을 기꺼이 받아들이는 그 믿음은 순종을 위한 필연적이고 거룩한 능력 있는 원리가 된다."[45]

지옥에서 우리를 구원하는 믿음은 또한 우리를 정욕에서 구해주기도 한다. 우리의 믿음이 이 땅에서 사는 동안 아무런 흠이 없는 완전함을 만들어낸다는 의미는 결코 아니다. 그 믿음은 결코 굴복하지 않는 끈기 있는 싸움을 이끌어낸다는 말이다. 의롭게 하는 믿음이 있다는 증거는 그것이 정욕과 싸운다는 사실로 나타난다. 예수님께서는 정욕이 전적으로 사라질 것이라고 말씀하지 않으셨다. 그분은 정욕의 자리에 머무는 것보다 차라리 한쪽 눈을 빼어버리는 것이 하늘나라에 붙들림을 받고 살아가는 삶의 증거라고 하셨다.

이 책의 가장 주된 관심은 죄에 대항하는 싸움이 곧 불신앙에 대적하는 싸움이라는 사실을 보여주는 것이다. 이것은 순결함을 위한 싸움이 곧 장래의 은혜에 대한 믿음을 위한 싸움이라는 말이다. 나는 이런 잘못된 말을 깨뜨리려고 애쓴다. "하나님에 대한 믿음과 거룩함을 위한 싸움은 별개의 문제다. 우리는 믿음으로써 의롭다함을 얻을 수 있고, 행위로 성화에 이른다. 우리는 성령님의 능력 안에서 신앙생활을 시작하고, 육체의 노력을 통해 계속 믿음의 생활을 이어간다.

순종을 위한 싸움은 선택적이다. 최후의 구원을 위해서는 오로지 믿음만이 필요하기 때문이다."

오직 믿음만이 우리를 우리의 의요, 칭의의 근거인 그리스도와 연합하게 하는 도구이다. 하지만 우리 믿음의 실재를 확인시켜주는 순결함 또한 최후의 구원을 위해 없어서는 안 될 부분이다. 그 순결함이 우리를 바로 세우기 때문이 아니라, 우리가 믿음으로 (하나님께 받아들여지는 유일한 근거이신) 그리스도께 생명적으로 연합되어 있음을 보여주는 열매이자 증거이기 때문에 그렇다.[46]

장래의 은혜에 대한 믿음은 감춰진 죄악의 힘을 깨뜨린다

순종을 위한 싸움은 우리의 최종적인 구원을 위해 절대적으로 필요하다. 그 이유는 순종을 위한 싸움이 믿음의 싸움이기 때문이다. 정욕에 대항하는 싸움은 우리의 최종 구원을 위해 절대적으로 필요하다. 그것은 불신앙에 대항하는 싸움이기 때문이다. 이것이 다른 어떤 것보다 더욱 위대한 복음이라는 사실을 당신이 깨달았으면 한다. 이것은 죄에 대한 하나님의 승리의 복음이다. 단순히 죄에 대한 그분의 인내 정도가 아니다.

로마서 6장 14절에 기록된 말씀의 뜻은 다음과 같다. "죄가 너희를 주장하지 못하리니 이는 너희가 법 아래에 있지 아니하고 은혜 아래에 있음이라." 이 얼마나 놀라운 은혜인가! 하나님의 주권적인 은혜가 아닌가! 이 은혜는 정욕의 유혹을 물리치도록 하나님께서 베푸시는 장래의 능력을 담고 있다.

내 죄의 권세 깨뜨려

그 결박 푸시고

이 추한 맘을 피로써

곧 정케하셨네

찰스 웨슬리^{Charles Wesley}가 지은 이 찬송 가사("만입이 내게 있으면")는 정확한 진리를 담고 있다. 그리스도의 보혈은 죄를 제거하실 뿐만 아니라 죄를 정복할 수 있는 능력도 주신다. 우리는 이러한 은혜 아래에서 살아가고 있다. 단지 죄를 없애는 정도에 그치지 않고 죄를 정복하게 하는 하나님의 은혜

아래 살아가는 것이다. 정욕의 죄에 대한 승리는 모두 은혜에서 말미암는다. 정욕의 죄를 말소하는 것은 십자가를 통한 과거의 은혜에서 비롯되며, 성령님을 통해 정욕의 힘을 정복하는 것은 장래의 은혜를 통해 가능하다. 우리가 싸우는 유일한 싸움이 믿음의 싸움인 이유가 이것이다. 우리는 하나님께서 예수님 안에서 행하신 모든 것에 만족하기 위해 믿음의 싸움을 싸운다. 그리하면 우리로 하여금 죄를 짓게 하려는 유혹은 그 힘을 잃게 된다.

어떻게 정욕을 없앨 것인가?

바울은 믿음의 싸움에 대해 이렇게 말한다. "영으로써 몸의 행실을 죽이면 살리니"(롬 8:13). 이것은 "한 눈으로 영생에 들어가는 것이 두 눈을 가지고 지옥 불에 던져지는 것보다 나으니라"(마 18:9)는 예수님의 가르침과 유사하다. 바울은 죄에 대항하는 싸움에서 영생이 가장 중요한 문제라는 데에 동의했다. "너희가 육신대로 살면 반드시 죽을 것이로되 영으로써 몸의 행실을 죽이면 살리니"(롬 8:13). 정욕에 대항하는 싸움은 목숨을 걸어야 하는 싸움이다.

그렇다면 "몸의 행실을 죽이라"는 로마서 8장 13절 말씀에 우리는 어떻게 순종해야 할까? 이에 대해서는 "장래의 은혜에 대한 믿음"이 그 해답이라고 앞에서 말했다. 그렇다면 실질적인 측면에서 거기에는 어떤 행동들이 포함되는가?

내가 정욕의 유혹을 받고 있다고 가정해보자. 어떤 성적인 모습들이 마음속에 떠오르고 그런 모습을 따르도록 나를 유혹한다. 이러한 유혹들은 내가 그것을 따른다면 더 행복해질 것이라고 나를 설득함으로써 더욱 힘을 축적한다. 모든 유혹의 힘은 그것이 나를 더욱 행복하게 만들어줄 것이라는 기대에서 비롯된다. 정말로 올바른 일을 행하기 원하며 의무감에서 죄를 짓는 사람은 아무도 없다.

그렇다면 나는 무슨 일을 해야 할까? 어떤 사람들은 "너희도 거룩할지어다"(벧전 1:16)는 하나님의 명령을 기억하고 우리의 의지를 복종하는 연습을 해야 한다고 말한다. 하지만 이러한 조언에는 아주 중요한 사실, 즉 장래의 은혜에 대한 믿음이 빠져 있다. 많은 사람들은 도덕적인 진보와 향상을 위해 노력하지만 "하나님의 아들을 믿는 믿음 안에서"(갈 2:20) 살지 못한다. 그들은 사랑의 순결함을 위해 애쓴다. 그러나 그러한 사랑이 장래의 은혜에 대한 믿음의 열매라는 사실을 깨닫지 못한다. "그리스도 예수 안에서는 할례나 무할례나 효력이 없으되 사랑으로써 역사하는 믿음뿐이니라"(갈 5:6).

그렇다면 우리는 어떻게 장래의 은혜에 대한 믿음으로 정욕에 대항해서 싸울 수 있을까? 정욕의 유혹이 다가올 때 로마서 8장 13절은 말씀한다. "영으로써 몸의 행실을 죽이면 살리니." 영으로써! 이것이 무슨 의미일까? 하나님께서 사탄에게 대항하도록 우리에게 주신 여러 무기 중에서 상대방을 공격하고 죽이는 무기는 검이다. 그것은 "성령의 검"(엡 6:17)이라고 불린다. 바울이 "영으로써 몸의 행실을 죽이라"고 말한 것은 성령님, 특히 성령님의 검에 의지하라는 의미다.

성령님의 검이란 무엇인가? 그것은 하나님의 말씀이다(엡 6:17). 여기에서 믿음이 생겨난다. "그러므로 믿음은 들음에서 나며 들음은 그리스도의 말씀으로 말미암았느니라"(롬 10:17). 하나님의 말씀은 사탄의 거짓말이라는 안개를 걷어내어 우리에게 참되고 영원한 행복이 어디에 있는지 선명하게 보여준다. 그런 식으로 말씀은 우리를 더욱 행복하게 만들어 주겠다고 약속하는 죄의 힘을 신뢰하지 않도록 돕는다. 그

대신에 말씀은 우리가 하나님의 약속을 의지하도록 이끌어 준다.

믿음이 우리 마음을 사로잡을 때에 우리는 그리스도와 그분의 약속에 만족하게 된다. 예수님은 그런 의미로 "나를 믿는 자는 영원히 목마르지 아니하리라"(요 6:35)고 하신 것이다. 즐거움과 의미와 열정을 찾아 헤매는 나의 목마름이 그리스도의 임재와 그분의 약속들로 인해 해갈된다면, 죄의 힘은 무너지고 소멸된다. 그릴 위에서 지글거리며 익어가는 스테이크의 냄새를 맡고 있다면 우리는 샌드위치를 먹으라는 제안을 얼마든지 거부할 수 있다.

정욕에 대항해서 싸우는 믿음의 싸움은 하나님께 만족하는 상태에 머물러 있기 위한 싸움이다. "믿음으로 모세는… 고난 받기를 잠시 죄악의 낙을 누리는 것보다 더 좋아하고… 이는 상 주심을 바라봄이라"(히 11:24-26). 믿음은 "죄악의 낙"에 만족하지 않는다. 믿음은 참된 즐거움을 간절히 원한다. "주의 앞에는 충만한 기쁨이 있고 주의 오른쪽에는 영원한 즐거움이 있나이다"(시 16:11). 따라서 믿음은 죄악의 방향으로 탈선되지 않을 것이다. 믿음은 진정한 기쁨의 충만함을 찾는 일을 쉽게 포기하지 않는다.

하나님의 말씀은 하나님을 향한 믿음의 욕구를 충족시키는 일을 맡는다. 그러한 과정에서 하나님의 말씀은 정욕의 기만적인 미각으로부터 우리 마음을 멀리 떼어놓는다. 먼저 정욕은 우리가 순결함의 길을 따라간다면 어떤 놀라운 만족감을 놓치게 될 것이라는 생각을 우리 마음속에 불어넣기 시작한다. 하지만 우리는 성령님의 검을 들고 거기에 대항해 싸움을 시작한다.

정욕에 빠지느니 차라리 눈을 빼버리는 것이 좋다는 말씀을 읽는다. 또한 우리는 참되며 경건하며 옳으며 정결하며 사랑 받을 만하며 칭찬 받을 만한 것들을 생각하면 하나님의 평강이 우리와 함께 계시리라는 말씀도 읽는다(빌 4:8). 육신의 생각은 사망을 가져오고 영의 생각은 생명과 평안으로 이끈다는 말씀을 읽는다(롬 8:6). 영혼을 거슬러 싸우는 육체의 정욕을 제어하라는 말씀을 읽는다(벧전 2:11). 또한 이생의 염려와 재물과 향락은 영적인 삶의 기운을 막는다는 말씀도 놓치지 않는다(눅 8:14). 그 가운데 가장 뛰어난 말씀은 여호와께서 정직하게 행하는 자에게 좋은 것을 아끼지 아니하실 것(시 84:11)이며, 마음이 청결한 자는 하나님을 보게 되리라(마 5:8)는 말씀이다.

나의 믿음이 하나님께서 주시는 생명과 평안에 만족하기를 기도할 때에, 성령님은 검은 정욕의 독약을 살짝 덮고 있는 달콤한 설탕을 긁어내신다. 그러면 나는 정욕의 실체를 보게 된다. 그리고 하나님의 은혜로 말미암아 정욕의 유혹하는 힘은 파괴된다. 나는 정욕이 제시하는 약속보다 하나님의 약속을 더욱 의지하는 믿음으로 정욕의 죄에 대항해서 말씀의 검을 휘두른다. 나의 믿음은 예수님의 죽음을 회고만 하는 과거 지향적인 믿음이 아니라, 예수님의 약속을 믿는 미래 지향적인 믿음이다. 단지 그분이 과거에 행하신 일들을 확신하는 상태에 머무는 것이 아니라, 그분이 앞으로 행하실 일들에 만족하는 것이다.

정욕의 힘을 파괴하는 것은 장래의 은혜 안에서 느끼는 놀라운 만족함이다. 영원을 바라보며 우리는 믿음의 싸움을 싸워야 한다. 우리의 주적主敵은 죄가 더욱 행복한 미래를 보장할 것이라는 거짓말이다. 그에 대한 우리의 주된 무기는 하나님께서 더욱 복된 장래를 만들어주실 것이라는 진리이다. 믿음은 그러한 거짓말을 이기고 얻은 승리다. 믿음은 하나님 안에서 만족하기 때문이다.

정욕의 불을 끄는 거룩한 불

나는 젊은 사람들이 불로 불을 다스려야 한다는 말을 종종 들었다. 정욕의 즐거움이라는 불은 하나님께서 주시는 참된 기쁨의 불로 대항해서 싸워야 한다. 예수님의 호된 경고를 포함해 억제하고 위협하는 것만으로 정욕의 불에 대항하려 한다면, 우리는 실패하고 말 것이다. 우리는 더욱 우월한 행복을 약속하는 강력한 약속으로 그것을 다스려야 한다. 우리는 거룩한 만족의 큰 불로 정욕의 즐거움이라는 깜박거리는 불꽃을 삼켜버려야 한다. 우리가 욥처럼 "내 눈과 약속"(욥 31:1)한다면, 우리의 목표는 단지 매혹적인 그림을 피하는 정도에 그치지 않고, 더욱 놀랍고 뛰어난 것을 얻는 차원이 될 것이다.

베드로 사도는 이러한 강력한 자유의 과정을 베드로후서 1장 3-4절에 잘 묘사해놓았다.

> 그의 신기한 능력으로 생명과 경건에 속한 모든 것을 우리에게 주셨으니 이는 자기의 영광과 덕으로써 우리를 부르신 이를 앎으로 말미암음이라 이로써 그 보배롭고 지극히 큰 약속을 우

리에게 주사 이 약속으로 말미암아 너희가 정욕 때문에 세상에서 썩어질 것을 피하여 신성한 성품에 참여하는 자가 되게 하려 하셨느니라.

정욕으로부터 말미암는 부패함에서 어떻게 벗어날 수 있는가? 이에 대한 대답은 하나님께서 "자기의 영광과 덕"에 관한 계시를 우리에게 주셨다는 데에 있다. 그분의 영광과 덕은 "보배롭고 지극히 큰 약속"에 나타나 있다. 그분의 약속이 우리에게 주어진 목적은 분명하다. "이 약속으로 말미암아" 우리는 하나님의 성품을 공유하고 정욕의 부패함에서 자유롭게 된다.

여기에서 관건은 약속의 능력이다. 우리가 지극히 크고 보배로운 약속에 완전히 사로잡히게 되면, 전혀 보배롭거나 크지 않은 정욕으로부터 자유로워진다. 바울은 이처럼 우리를 사로잡는 정욕을 "썩어져가는 구습"(엡 4:22)이라 불렀고, 이방인들이 "색욕"을 따르는 것은 그들이 "하나님을 모르"기 때문이라고 지적했다(살전 4:5). 이와 유사하게 베드로는 정욕을 "전에 알지 못할 때에 따르던 너희 사욕"(벧전 1:14)이라고 불렀다. 이것은 곧 하나님의 영광과 그분의 보배롭고 지극히 큰 약속에 대한 무지를 일컫는다. 바울과 베드로의 말뜻은 이러한 정욕과 욕심들은 거짓말로 우리를 속여 그 힘을 얻는다는 것이다.

정욕은 하나님의 약속에 대한 우리의 무지함을 먹이로 삼는다. 죄의 정욕들은 고귀한 즐거움과 놀라운 경험을 제공할 수 있다고 주장한다. 거기서 우리를 자유롭게 할 수 있는 것은 무엇인가? 강력하고, 영감을 주며, 마음을 사로잡는 하나님의 고귀한 진리다. 하나님의 보배롭고 지극히 큰 약속의 놀라운 진리는 모든 것을 능가하는 하나님의 영광의 빛 아래에서 정욕의 거짓을 낱낱이 드러낸다.

마음이 청결한 자는 하나님을 볼 것임이요

1982년 가을에 〈리더십〉Leadership이라는 잡지는 수년 동안 가장 추악한 수준의 포르노 영화에 빠져 있었다고 고백한 어느 목사에 관한 기사를 실었다. 그는 무엇이 자신을 포르노의 굴레에서 건져내었는지 들려주었다. 그의 이야기는 내가 말하고자 하는 내용을 확실히 뒷받침해준다. 그는 가톨릭 소설가인 프랑수아 모리악$^{Francois\ Mauriac}$(프랑스 소설가, 1952년 노벨 문학상 수상―역자 주)의 『내가 믿는 것』$^{What\ I\ Believe}$이라는 책을 우연히 읽게 되었다. 모리악은 그 작품에서 죄책감이라는 역병이 자신을 정욕에서 자유하게 해주지 못했음을 인정했다. 그는 순결함을 추구해야 하는 한 가지 강력한 이유가 있다는 결론을 내렸다.

그 답은 그리스도께서 산상수훈의 팔복에서 제시하신 말씀에 나와 있다. "마음이 청결한 자는 복이 있나니 그들이 하나님을 볼 것임이요"(마 5:8). 마음이 청결한 자가 하나님을 보게 되리라는 약속은 "보배롭고 지극히 큰 약속"이며 우리를 정욕에서 벗어나게 해주는 약속이다. 정욕에 사로잡혔던 그 목사는 이렇게 썼다.

> 그런 생각은 어둡고 침묵이 흐르는 큰 강당에서 울려 퍼지는 종소리와 같았다. 그때까지 접한 정욕에 관한 두렵고 부정적인 논의들은 어떤 것도 나를 정욕에서 벗어나게 하지 못했다.… 하지만 내가 정욕에 지속적으로 묶여 있느라 깨닫지 못한 사실이 하나 있었다. 그것은 하나님과 나 사이의 친밀함이 제한받고 있다는 것이었다. 하나님께서 주시는 사랑은 너무나

초월적이고 강력하기에 우리가 그것을 품기 전에 먼저 순결하고 정결해지기 위한 우리의 노력을 요구한다. 하나님께서는 내가 지금까지 결코 채우지 못했던 것 대신에 다른 갈급함과 다른 열망을 주실 수 있을까? 그분의 생수는 나의 정욕을 억제할 수 있을까? 그것은 일종의 도박이었다.[47]

그것은 도박이 아니었다. 우리는 하나님께 돌아설 때에 아무것도 잃지 않는다. 그는 이런 사실을 자신의 삶 속에서 발견했고, 그는 다음과 같은 전적으로 옳은 교훈을 얻었다. "마음이 청결한 자는 모든 만족이 되시는 영광의 하나님을 대면하여 볼 것이라는 보배롭고 지극히 큰 약속으로 당신의 믿음에 힘을 더하라. 이것이 정욕에 대항하는 유일한 방법이다."

정욕에 대항해서 싸울 때 우리는 그저 하나님이 말씀하셨기에 따른다는 차원을 넘어, 하나님이 영광스러운 분이시기 때문에 그분이 말씀하신 바를 간절히 바라는 수준으로 자라가야 한다. 단순히 의로움을 추구하는 것이 아니라 의로움을 더욱 좋아하는 것이다. 아침에 일어나 기도하는 마음으로 성경을 묵상하는 것이다. 그런 일은 하나님의 "보배롭고 지극히 큰 약속"과 "모든 기쁨과 평강을 믿음 안에서" 경험할 때까지 지속해야 한다(롬 15:13, 벧후 1:4). 장래의 은혜에 대한 믿음이 우리 앞에 놓인 즐거움으로 우리를 만족시키면, 성경에서 요구하는 마음의 청결함은 전혀 부담이 되지 않을 것이며(요일 5:3), 정욕의 힘은 완전히 파괴될 것이다. 정욕의 기만적인 보상은 우리를 유혹하기에는 너무나 일시적이고 천박한 것으로 드러날 것이다.

책을 닫으며

이 책은 다른 많은 책들이 그리스도인의 순종과 그 동기에 관해 설명하고 있는 관점과는 사뭇 다른 입장을 취한다. 일반적으로는 하나님께서 과거에 베푸신 은혜에 대한 감사가 장래의 순종을 위한 동기가 된다고 많이 강조한다. 나는 『장래의 은혜』에서 이것이 위험한 생각임을 논증했다. 많은 사람들에게 그렇듯이, 이는 자칫 잘못하면 '순종'을 하나님께서 우리를 위해 행하신 일에 대해 빚을 갚는 것으로 여겨질 수 있다. 이러한 실수와 관련해 나는 "채무자의 윤리"[48]라는 말을 썼다.

우리가 모든 걸음걸음에서 지속적으로 경험하는 장래의 은혜로 힘을 얻고 살아갈 때 하나님께 진 빚을 되돌려드린다는 말은 할 수 없다. 그분의 은혜에 대해 빚진 심정으로 어떤 일을 한다는 것도 엄밀한 의미에서는 옳지 않다. 그와 반대로, 우리는 순간순간 그분께 더 많은 빚을 지고 깊은 은혜 속으로 나아갈 따름이다. 하나님을 찬양하라. 우리는 항상 그럴 수밖에 없다. 나는 영원토록 하나님께 은혜를 드릴 수 없다. 그분이 항상 다함없는 공급자가 되어주신다. 이렇게 되어야 하는 이유는 하나님께서 영광을 받으시기 위해서다. "누가 봉사하려면 하나님이 공급하시는 힘으로 하는 것같이 하라 이는 범사에 예수 그리스도로 말미암아 하나님이 영광을 받으시게 하려 함이니…"(벧전 4:11). 하나님을 섬기는 일은 우리의 것을 돌려드리는 것이 아니다. 오히려 그분께 더 많이 받는 것이다. 우리가 순간순간 지속적으로 다가오는 장래의 은혜를 의지하여 살아갈 때 우리는 주님의 영광스러운 채무 안으로 더 깊이 들어가게 된다.

　그렇게 될 때 우리가 진정 감사할 거리가 엄청나게 늘어난다. 하나님의 장래의 은혜에 의지하여 살아가는 매순간마다 과거의 은혜라는 저수지가 더욱 불어나기 때문이다. 이 웅장한 은혜의 저수지는 곧 우리가 기쁨으로 감사를 드릴 근거가 된다. 그리하여 우리의 감사는 날마다 더욱 더 커져간다. 따라서 이 책의 마지막에 이른 지금, 이러한 풍성한 과거의 은혜를 돌아보면서 그리스도인의 삶에서 감사가 차지하는 위치에 특별히 주목하는 것이다.

과거의 은혜가 차지하는 위치

감사로 인해 그리스도께 순종하게 되는 길도 있다. 감사의 영으로 살아갈 때 우리가 여러 죄악된 태도의 지배를 받지 않게 되는 것도 그중 하나다. 감사는 누군가가 우리에게 베푼 호의에 대한 겸손하고 행복한 응답이라 할 수 있다. 이러한 겸손과 행복은 더럽고 어리석으며 비열한 태도와 어울리지 않는다. 따라서 감사하는 마음을 부단히 연습한다면 그런 죄들에 노출될 여지가 그만큼 줄어드는 것이다. 바울이 "누추함과 어리석은 말이나 희롱의 말이 마땅치 아니하니 오히려 감사하는 말을 하라"(엡 5:4)고 썼던 이유이기도 하다.

그뿐만이 아니다. 과거의 은혜를 감싸안기 위해 뒤를 돌아보는 일과 장래의 은혜를 부여잡기 위해 앞을 향하는 일 사이에는 결정적인 연결고리가 있다. 바로 촘촘히 짜여진 기쁨이 이 둘을 아름답게 수놓고 있는 것이다. 감사가 과거의 은혜로 인한 은택을 맘껏 기뻐하는 동안, 믿음 역시 장래의 은혜가 주는 은택으로 기쁨이 넘쳐난다. 따라서 하나님께서 베푸신 과거의 은혜에 대한 감사가 클 때, 그분이 과거에 행하신 일로 말미암아 장래에도 동일하게 신뢰할 수 있게 되는 것이다. 이런 방식으로 하나님께서 과거에 행하신 일들에 대해 생생하게 감사를 드릴 때 우리의 믿음은 한껏 강화된다.

다른 한편으로 하나님의 장래의 은혜에 대한 믿음이 강하다면, 이런 하나님은 어떤 실수도 없으실 것이기에 그분이 과거에 우리 인생 가운데 행하신 모든 일들은 하나님의 선한 계획 속에 있어서 그것 또한 감사함으로 기억될 수 있는 것이다. 이런 방식으로 하나님의 장래의 은혜를 생생하게 신뢰할 때 우리의 감사는 한껏 풍부해진다. 오직 장래의 은혜를 믿는 믿음으로만 바울이 "범사에 우리 주 예수 그리스도의 이름으로 항상 아버지 하나님께 감사하[라]"(엡 5:20)고 말한 삶을 살아갈 수 있다. 과거의 불행들을 장래의 위안으로 바꾸시는 하나님을 신뢰할 때만 모든 것을 감사함으로 뒤돌아볼 수 있는 것이다.

이렇듯 미래 지향적인 믿음과 과거 지향적인 감사가 촘촘히 연결되면 감사가 채무자의 윤리로 전락하는 일은 막을 수 있다. 지나간 은혜를 감사하는 일은 믿음에게 이렇게 말하는 것과 같다. "힘내. 그분이 과거에 그러셨듯이 장래에도 동일하게 은혜로우실 것을 의심하면 안 돼." 그리고 장래의 은혜에 대한 믿음은 감사에게 이렇게 말한다. "앞으로 우리에게 더 많은 은혜가 주어질 거야. 우리는 모든 일에서 그 장래의 은혜에 의지해 순종해야 해. 앞으로 있을 큰 축제를 생각하면서 느긋하게 기다리며 기뻐하자. 그러면 하나님의 은혜로 내일의 순종을 너끈히 감당할 수 있어."

다함없이 완전하고, 끝없이 이어지는 풍성한 은혜

우리는 이 책에서 "사랑을 통하여 일하는 믿음"(갈 5:6)에 관한 8가지의 스냅사진들을 보았다. 이렇게 하는 목적은 (사도 바울이 말한 바와 같이) 하나님의 장래의 은혜를 믿음으로 인해 하나님을 영화롭게 하는 사랑이 흘러나오게 하기 위해

서다. "이 교훈의 목적은 청결한 마음과 선한 양심과 거짓이 없는 믿음에서 나오는 사랑이거늘"(딤전 1:5). 결론적으로 나는 우리의 기쁨과 순종을 영원토록 가능케 하는 장래의 은혜가 다함없이 완전하고 끝없이 이어지리라는 사실을 힘주어 강조하고 싶다.

바울은 에베소서 2장 7절에서 "그 은혜의 지극히 풍성함"에 관해 말한다. 그의 요점은 하나님의 끝없고 자족적인 풍성함이 우리가 측량할 수 없이 엄청나게 흘러넘친다는 것이다. 그 은혜는 바닥을 보이는 법이 없는데 그것이 솟아나는 우물은 밑바닥을 볼 수 없기 때문이다. 하나님께서 우리를 그리스도와 함께 일으키어 하나님 은혜의 영원한 풍성함을 나타내신다는 사실이 나에게는 압도적인 놀라움으로 다가온다. 이 거룩한 목적이 당신 마음에 푹 잠기게 하라. "또 함께 일으키사 그리스도 예수 안에서 함께 하늘에 앉히시니 이는 그리스도 예수 안에서 우리에게 자비하심으로써 그 은혜의 지극히 풍성함을 오는 여러 세대에 나타내려 하심이라"(엡 2:6-7).

여기서 나타나는 두 가지 놀라운 사실에 주목하자. 그중 하나는 우리 구원의 목적이 하나님께서 자기 은혜의 지극히 풍성함을 부어주시기 위함이라는 것과, 다른 하나는 그분께서 그 일을 영원토록 하신다는 점이다. 영원히, 끝이 보이지 않는 먼 훗날까지 말이다. 이것은 정말 강력한 생각이다. 하나님은 우리를 살리시고 그리스도 안에서 보호하셔서, 그 은혜의 지극히 풍성함을 영원토록 맛보는 수혜자가 되게 하신다. 이렇게 함으로써 하나님은 영원토록 찬양을 받으신다. 만일 우리 안에 있는 자원들로 인해 그분이 우리에게 뭔가를 베푸셔야만 한다면 그것은 온전히 은혜가 아니다. 하나님께서 그 풍성한 자비를 넘치게 부어주시기 때문에 은혜가 은혜되는 것이다. 하나님께서 우리를 향한 선*의 창고를 여시는데 끝을 헤아릴 수 없기에 그것이 영원하다고 말할 수밖에 없다. 하나님이 자신 외에 다른 것으로부터 제한을 받으신다면 그분은 전능하고 자족적인 분이 아닌 것이 되므로, 그 은혜는 공짜로 주어지는 것이다.

이러한 사실은 스스로를 영화롭게 하고 자기 백성들을 만족시키려는 하나님의 놀라운 계획 가운데서 장래의 은혜가 얼마나 중요한 위치를 차지하는지를 보여준다. 우리는 하나님의 역동적인 은혜의 대부분을 장래에 경험할 것이다. 우리가 이미 경험한 하나님의 은혜는 현재부터 영원까지 누릴 장래의 은혜에 비하면 턱없이 작은 부분이다. 장래의 무한성에 비하자면 유한한 시간 은—수백만 년이라 할지라도—참으로 사소한 것이기 때문에 이 말은 진실이다. 장래의 은혜에 대한 우리의 믿음, 이것은 참으로 놀라운 보물이다. "하나님께서 그리스도 예수 안에서 우리에게 자비로 베풀어주신 그 은혜가 얼마나 풍성한지를"(새번역, 엡 2:7) 보게 하기 때문이다.

이렇게 볼 때 불신이 얼마나 커다란 악인지 분명해진다. 우리가 그러한 약속을 신뢰하지 않는다면 어떻게 될 것인가? 그러기에 우리는 반드시 믿음으로 살아야 한다. 조금이라도 불신의 기운이 스며든다면 온 힘을 기울여 치열한 전투를 벌여야 한다.

좀 더 면밀히 살펴보는 하늘의 논리

우리는 지금까지 들어왔던 천국 개념에 대해 다시 생각해 보아야 한다. 우리에게 베푸신 측량할 수 없는 은혜의 풍성함을 증명할 길이 하나님께는 더 이상 없으시다. 로마서 8장 32절은 그분의 결심이 얼마나 군건한지를 놀랄 만한 필치로 보여준다. "자기 아들을 아끼지 아니하시고 우리 모든 사람을 위하여 내주신 이가 어찌 그 아들과 함께 모든 것을 우리에게 주시지 아니하겠느냐." 불가능한 일이 일어났다. 우리의 죄를 제거하고 우리의 의가 되기 위해 하나님께서 당신의 아들을 아낌없이 내어놓으신 것이다. 따라서 아무것도, 다시 얘기하지만 그 무엇으로도 자신의 영광을 위해 우리에게 모든 것을 주시려는 하나님의 결심을 막을 수 없다.

3백 년 전에 살았던 청교도 목사 존 플라벨(John Flavel)은 이 놀라운 구절을 다음과 같이 탁월하게 설명했다. 그의 글에는 장래의 은혜의 본질과 확실함이 분명히 나타나 있다.

"자기 아들을 아끼지 아니하시고 우리 모든 사람을 위하여 내주신 이가 어찌 그 아들과 함께 모든 것을 우리에게 주시지 아니하겠느냐"(롬 8:32). 하나님께서 그분의 아들까지 아끼지 않으신 마당에, 자기 백성들에게 영적이고 일시적인 은혜를 허락하지 않으신다는 것을 어찌 상상이나 할 수 있겠는가? 하나님께서 자기 백성들을 효과적으로 부르시고, 아무 공로 없이 의롭다하시며, 그들을 완전히 거룩하게 하시고, 영원토록 영화롭게 하는 이런 일들을 어찌 하지 않으시겠는가? 자기 백성들을 입히고, 먹이며, 보호하고, 구원하는 일을 어찌 행하지 않으시겠는가? 하나님 아버지께서 자신의 외아들에게 채찍과 눈물, 신음, 한숨, 불행한 상황을 허락하신 것이 분명하다면, 이후에, 고통받는 자신의 모든 자녀들을 위하여 영적이든 일시적이든, 그들에게 선이 되는 그 어떤 자비와 평안 그리고 특권을 허락하지 않으시리라는 것은 도저히 상상할 수 없는 일이다.[49]

처음 이 글을 읽었을 때 나는 일기장에 그대로 옮겨 적고 거기에 기도를 덧붙였다. 나는 여전히 자신을 위해 이렇게 기도한다. 이 책을 읽는 당신에게도 이것이 동일한 기도이기를 바란다.

오, 주님, 제가 믿나이다. 저의 믿음 없음을 도와주소서. 이 얼마나 놀라운 생애입니까! 저의 원망과 불평은 온데간데없고 오로지 당신 안에서 기쁨과 사랑이 풍성히 넘치나이다! 하나님, 이러한 진리 안에서 살아가기를 원합니다. 저를 도와주소서. 이런 영광스러운 확신 속에 계속 거할 수 있도록 모든 필요한 것들을 더하소서.

그리고 지금 이 시간 저는 이렇게 기도합니다. 오 주님, 불신과 맞서 싸우는 방법을 가르쳐주십시오. 제 마음속에 숨은 불신이라는 원수에 대해 결코 물러서지 않게 하옵소서. 제게 주신 성령의 검을 잘 사용하도록 용맹스런 기술을 알려주셔서 제 영혼 속에 있는 속임수와 불신이라는 용들을 죽이게 하소서. 제가 이 견고한 장래의 은혜를 더 온전히 믿으며 살아갈 길이 있다면 어떤 수고를 치르더라도 그러한 삶에 관해 꼭 알고 싶습니다. 오 주님. 저로 하여금 하늘의 논리를 붙들게 하셔서 그리스도의 영광과 사람들의 유익을 위해 자유로이 사랑하고 위험을 당하며 고통과 죽음의 길로 나아가게 하소서. 그것이 제가 이 책을 쓴 이유입니다. 장래의 은혜로 인한 믿음으로 사는 법을 더욱 깊이 배우고, 다른 이들도 그렇게 살도록 돕고 싶습니다. 주님께서 이 일에 저와 함께해주시기를 간곡히 기도합니다.

미주

1. Ernest Gordon, *To End All Wars* (Grand Rapids, Michigan: Zondervan, 1963), pp. 101-102.
2. John Piper, *The Purifying Power of Living by Faith in Future Grace* (Sisters, Oregon: Multnomah Publishers, 1995).『장래의 은혜』(좋은씨앗, 차성구 역)
3. 나는 다음 책에서 이에 관한 주제를 충분히 다루었다. 특히 여기서 말한 것이 그 책의 핵심이다. John Piper, *God is the Gospel: Meditations on God Love as the Gift of Himself* (Wheaton, Illinois: Crossway Books, 2005).
4. John Owen, *Mortification of Sin, in The Works of John Owen*, Vol. 6, editied by William H. Goold (Edinburgh: The Banner of Truth, 1967), p. 9.『내 안의 죄 죽이기』(브니엘, 김창대 역)
5. 이 구절에서 '모든'이 의미하는 바에 관해 상세한 설명을 원한다면『장래의 은혜』의 8장을 참고하라.
6. Ralph Georgy, "If God Is Dead, Then the Late 20th Century Buried Him,"

Minneapolis Star Tribune, September 12, 1994.

7. Stephen Charnock, in *A Puritan Golden Treasury* (Edinburgh: The Banner of Truth Trust, 1977), p. 223에서 인용.

8. 『장래의 은혜』의 14, 15, 16장을 보라.

9. G. K. Chesterton, *Orthodoxy* (Garden City, NY: Image Books, Doubleday and Company, 1959, orig. 1924), p. 31. 『오소독시』(이끌리오, 윤미연 역)

10. *A Mind Awake: An Anthology of C. S. Lewis*, Clyde Kilby, ed., (New York: Harcourt, Brace and World, Inc., 1968), p. 115에 인용된 *Mere Christianity*에서 인용. 『순전한 기독교』(홍성사, 장경철·이종태 역)

11. C. S. Lewis, *Letter of C. S. Lewis*, ed., W. H. Lewis, (New York: Harcout, Brace and World, Inc., 1966), p. 256.

12. John Piper, *Desiring God: Meditations of a Christian Hedonist* (Portland: Multnomah Press, 1986), p. 222. 『여호와를 기뻐하라』(생명의말씀사, 김기찬 역)

13. '기독교 희락주의'란 "우리가 하나님 안에서 가장 만족할 때 하나님이 우리 안에서 가장 영광스럽게 되신다"는 성경 진리의 빛 안에서 살아가려는 경건한 습관이다. 이 진리는 그 무엇보다 하나님을 즐거워하면서 그분을 영화롭게 하는 데 목적이 있다. 그리고 하나님 안에서 만족하는 법을 계발함으로써 죄와 싸운다. 나는 *Desiring God*에서 이 문제와 관련해 충분히 다루었다. 또한 기독교 희락주의의 '근원'에 관해 다음 책에서 설명했다. John Piper, *God passion for His Glory: Living the Vision of Jonathan Edwards* (Wheaton, Illinois: Crossway, 1998). 『하나님의 영광을 위한 하나님의 열심』(부흥과개혁사, 백금산 역)

14. 일반적인 심리학 용어로는 이렇게 정의하지 않는다는 것을 나는 알고 있다. 정신 치료학에서는 수치심에 대해 일반적으로 이렇게 정의내린다. "죄책감이 자신의 행동에 대해 후회와 책임감을 느끼는 고통스러운 감정인 반면, 수치심은 한 개인으로서 자기 자신에 대해 느끼는 고통스러운 감정이다." Facing Shame by M. Fossum and M. Mason, in *John Bradshaw, Healing*

the Shame That Binds You (Deerfield Beach, Florida: Health Communications, Inc., 1988), p. 17에서 인용. 나는 이러한 정의를 받아들이지 않는다. 그 이유로는 첫째, 성경은 그렇게 정의하지 않기 때문이다. 따라서 그런 정의를 사용하면 성경을 이해하고 적용하는 일이 더욱 어려워진다. 둘째, 그것은 인간의 원죄에 대한 성경의 교리를 축소하는 방향으로 나아가기 때문이다(Bradshaw, p. 65). 또한 이는 도덕적인 절대성을 상대화하고(Bradshaw, p. 199), 사랑에 대한 성경적인 조건들을 거부하며(Bradshaw, p. 120), 하나님을 그저 무조건 허락만 해주시면서, "너는 반드시 … 하라"는 식의 말은 하지 않으시는 분으로 여기기 때문이다.

15. 때때로 우리는 과거와 현재와 미래의 모든 죄가 과거에 이미 용서된 것처럼 말한다. 그 죄들이 예수님의 죽음 안에서 "정죄"되었고(롬 8:3), 그리스도의 보혈로 그 죄들이 깨끗하게 되었으며(히 9:14, 10:12), 그분의 보혈을 통해 용서받았다(엡 1:7)는 것이다. 또한 성경은 우리가 죄를 회개할 때(요일 1:9), 하나님이 우리를 위해 그리스도 안에서 단번에 이루신 속죄의 기초 위에서 용서함을 구할 때(마 6:12), 하나님께서 지속적인 방법으로 우리를 용서해주신다고 말한다.

16. Karl Olsson, Passion (New York: Harper and Row Publishers, 1963), pp. 116-117.

17. 『장래의 은혜』의 17장을 보라.

18. Richard Wurmbrand, One Hundred Prison Meditations (Middlebury, IN: Living Sacrifice Books, 1982), pp. 6-7.

19. John D. Woodbridge, ed., Great Leaders of the Christian Church (Chicago: Moody Press, 1988), p. 344에 있는 Roger Nicole, 'B. B. Warfield and the Calvinist Revival'을 보라.

20. B. B. Warfield, Faith and Life (Edinburgh: The Banner of Truth Trust, 1974, orig. 1914), p. 204.

21. 『장래의 은혜』의 29장을 보라.

22. H. C. G. Moule, Charles Simeon (London: The InterVarsity Fellowship,

1948, orig. 1892), p. 39.

23. 앞의 책, p. 172.

24. Martin Luther, *Freedom of a Christian, in Three Treatises* (Philadelphia: Fortress Press, 1960), p. 284.

25. 『장래의 은혜』의 16장을 보라.

26. Jonathan Edwards, "The End of the Wicked Contemplated by the Righteous," in *The Works of Jonathan Edwards*, Vol. 2, (Edinburgh: Banner of Truth Trust, 1974), pp. 207-208. 에드워즈는 "악한 자들의 고통이 의로운 자들에게 슬픔을 일으키지 않고, 오히려 그 반대인 이유"에 대해 설명했다. 그는 이렇게 말했다. "부정적인 면에서, 그것은 하늘의 성도들이 어떠한 그릇되고 악한 성향에 굴복하기 때문이 아니다. 그와 반대로 그들의 이러한 기쁨은 온화하고 뛰어난 기질의 열매일 것이다. 그것은 그들이 완벽하게 거룩해졌고 하나님의 거룩한 어린양이신 그리스도와 일치되었기에 나타나는 열매이다. 사탄은 잔혹함과 질투와 복수를 일으켜 인간들이 당하는 고통 속에서 기쁨을 누린다. 그 자는 성향이 사악하여 오로지 자신만을 위해 남들의 고통 속에서 기쁨을 얻기 때문이다."

"그러나 악한 자들이 당하는 형벌이 영광 가운데 있는 성도들에게 기쁨의 원인이 된다는 사실은 전혀 다른 원리들과 전혀 다른 이유들에서 말미암는다. 성도들은 다른 사람들의 고통을 바라보며 결코 즐거워하지 않는다. 하나님의 형벌은 성도들에게 기쁨을 주는 원인이 되지 않을 것이다. 또한 고통을 당하는 것을 보는 것 그 자체로 즐거움을 얻지도 못한다. … 그들이 자신들의 복수가 이루어지는 것을 보면서 즐거워한다고 생각하면 안 된다. 오히려 그들은 하나님의 정의가 실행되는 것을 목격하며, 대적자들에게 하나님의 정의가 실행될 때 자신들에게 임하는 그분의 사랑을 바라봄으로써 기쁨을 얻는다."

"긍정적인 면에서, 저주받은 자들의 고통은 하늘에 거하는 자들에게 슬픔을 일으키는 원인이 되지 않을 것이다. 그들은 저주받은 자들에 대해 그런 식으로 사랑이나 동정심을 품지 않을 것이다. 그들이 저주받은 자들을 사랑하지 않는 것이, 그들 속에 사랑의 마음이 결핍되어 있다는 증거가 되지는 못할 것이다. 하늘에 거하는 성도들은 자신들이 그들을 사랑하는 것이 올바른 일이 아님을 알고 있는데, 그 이유는 하나님께서 그들에 대해 어떤 사랑이나 동정도 갖고 있지 않으심을 알기 때문이다."

어떤 사람들은 이렇게 반문한다. 지금 시대에서는 우리가 인간의 신실하지 못함과 멸망에 대해 슬퍼하는 것이 옳고 바람직한 일이므로(롬 9:1-3, 눅 19:41), 다가올 시대에도 그런 슬픔을 느끼는 것이 올바른 모습이지 않을까? 그는 이러한 질문에 이렇게 대답한다. "비록 악한 자들이 많다 해도, 모든 사람을 사랑하는 것은 지금 우리의 의무다. 그러나 다음 세상에서는 악한 자들을 사랑하는 것이 우리의 의무가 되지 않을 것이다. 그리스도는 많은 교훈의 말씀을 통해 모든 사람을 사랑하는 것을 우리의 의무로 정해 주셨다. 우리는 악한 자들과 원수들과 핍박하는 자들을 사랑하라는 명령을 받았다. 그러나 이 명령은 영광 가운데 있는 성도들에게까지 확장되지는 않는다. 그들이 지옥에 있는 저주받은 자들까지 염려할 필요는 없다. 우리는 지금 모든 사람들 심지어 악한 자들까지 사랑해야 한다. 우리는 하나님께서 그들도 사랑하시는 것을 알고 있다. 아무리 악한 자라 해도 그가 하나님께 영원히 사랑 받는 자들 가운데 하나임을 모르는 게 아니다. 또한 그리스도가 그를 죽기까지 사랑하시고, 세상이 존재하기 이전부터 그의 이름을 자기 마음에 새겨놓으셨고, 십자가에서 극심한 고통을 참으실 때 그를 염두에 두고 있었다는 것도 알고 있다. 우리는 그가 영원토록 영광중에 우리와 함께 있어야 하는 자임을 모르는 것이 아니다."

"우리는 이제 악한 자들의 구원에 대해 간구하고 관심을 가져야 한다. 그들은 충분히 구원의 대상이 될 수 있기 때문이다. … 지금은 여전히 그들에게 은혜의 때이며, 그들이 구원을 얻을 수 있는 때이다. 그리스도는 아직도 그들이 구원받기를 간절히 원하신다. 그분은 악한 자들을 초대하시고 간청하면서 부르신다. 그분은 문 앞에 서서 두드리신다. 그분은 악한 자들을 부르기 위해 많은 수단을 사용하신다. 돌아서라, 돌아서라, 왜 죽으려 하느냐고 말씀하신다. … 그러나 다음 세상에서는 그렇지 않다. 거기에서 악한 자들은 더 이상 자비하심의 대상이 될 수 없다. 성도들은 악한 자들이 영원토록 고통당하는 것이 하나님의 뜻임을 알게 될 것이다. 그러므로 그때는 성도들이 악한 자들의 구원을 바라고, 그들의 고통에 관심을 갖는 일은 더 이상 그들의 의무가 되지 않는다. 이제 하나님의 뜻과 영광 가운데에서 기뻐하는 것이 그들의 의무가 된다. 하나님께서 악한 자들에 대해 공의롭게 원수를 갚으시는 것을 가엾게 여기는 것은 우리의 의무가 아니다. 그들이 어떤 상태로 영원한 시간을 보내는 것이 하나님의 뜻인가는 이미 우리에게 알려져 있다"(pp. 208-210).

27. Edwards, "The End of Wicked Contemplated by the Righteous," p. 210.

28. Edward John Carnell, *Christian Commitment* (New York: Macmillian Company, 1957), pp. 94-95.

29. Thomas Watson, *Body of Divinity* (Grand Rapids: Baker Book House, 1979, orig.1692), p. 581. 용서에 대한 왓슨의 정의는 그것이 무엇을 말하고 무엇을 말하지 않는가 하는 점에서 매우 유익하다. 그는 "우리가 언제 다른 사람을 용서하는가?"라고 묻고, 다음과 같이 대답했다. "우리가 복수의 일념에 대항하여 싸울 때, 우리가 원수들에게 해악을 끼치지 않을 때이다. 그들이 잘되기를 바라며, 그들의 재난에 대해 슬퍼하고, 그들을 위해 기도하라. 그들과의 화해를 구하고 어떤 경우에라도 그들을 안도시킬 준비가 되어 있음을 나타내라"(p. 581). 『신학의 체계』(크리스천다이제스트사, 이훈영 역)

30. ESV에서는 "entrusting himself to him who judges justly"라고 번역했다. 그러나 헬라어 원문 성경에는 'himself'가 없다. 그러므로 이 구절은 단순하게 "entrusting to him who judges justly"로 번역해야 한다.

31. 침체와 끊임없이 몰려드는 어두움이라는 복잡한 주제에 관해, 나는 다음에서 좀 더 직접적으로 다루었다. *When I Don Desire God: How to Fight for Joy* (Wheaton, Illinois: Crossway, 2004). 『하나님을 기뻐할 수 없을 때』(IVP, 전의우 역). 12장, "어둠이 걷히지 않을 때." 또한 이 주제와 관련해 Crossway 출판사에서 나온 같은 제목의 소책자("When the Darkness Does not Lift")를 참고하라.

32. Martyn Lloyd-Jones, *Spiritual Depression* (Grand Rapids: Wm. B. Eerdmans Pub. Co., 1965), p. 37. 『영적 침체』(새순출판사, 오성종 역)

33. 앞의 책, p. 6.
34. 앞의 책, p. 109.
35. Edwards, *The Life of David Brainerd*, ed. Norman Pettit, in The Works of Jonathan Edwards, Vol. 7, (New Haven: Yale University Press, 1985), p. 64. 『데이비드 브레이너드의 생애와 일기』(크리스천다이제스트사, 윤기향 역)
36. 앞의 책, p. 101.
37. 앞의 책, pp. 93, 141, 165, 278.
38. 앞의 책, pp. 18-19.
39. Darrel W. Amundsen, "The Anguish and Agonies of Charles Spurgeon" in *Christian History*, Issue 29 (Vol. 10, No. 1), p. 24.
40. Charles Spurgeon, *Lectures to My Students* (Grand Rapids: Zondervan Publishing House, 1972), p. 163. 『목회자 후보생들에게 1, 2, 3』(생명의말씀사, 이종태·김기찬 역)
41. Amundsen, "The Anguish and Agonies of Charles Spurgeon," p. 24.
42. Lloyd-Jones, *Spiritual Depression*, p. 20.
43. 앞의 책, pp. 20-21.
44. *Star Tribune*, July 22, 1993에서 보도.
45. 이 인용문은 믿음을 통해 은혜로 거저 주어지는 칭의의 견지에서 선한 행실이 필요하다는 사실을 기록한 데브니의 글에서 발췌했다. Robert L. Dabney, "The Moral Effects of Free Justification," in *Discussions: Evangelical and Theological* (London: The Banner of Truth Trust, 1967, orig. 1890), p. 96.
46. 『장래의 은혜』의 18-20장을 보라.
47. "The Anatomy of Lust," *Leadership*, (Fall 1982), pp. 43-44.
48. 『장래의 은혜』의 1-2장을 보라.
49. John Flavel, *The Works of John Flavel* (Edinburgh: Banner of Truth Trust, reprint, 1988), p. 418.